中山出版
ZHONGSHAN PUBLISHING
香山承文脉 好书读百年

中山历史文化名人丛书

百货先驱马应彪

谭元亨　著

SPM
南方出版传媒
广东人民出版社
·广州·

图书在版编目（CIP）数据

百货先驱马应彪 / 谭元亨著．—广州：广东人民出版社，2020.4（2023.1 重印）
（中山历史文化名人丛书）
ISBN 978-7-218-14113-8

Ⅰ．①百… Ⅱ．①谭… Ⅲ．①马应彪（1864-1944）－生平事迹．Ⅳ．① K825.38

中国版本图书馆 CIP 数据核字（2019）第 285236 号

BAIHUO XIANQU MA YINGBIAO
百货先驱马应彪
谭元亨　著

出 版 人：肖风华

责任编辑：李锐锋　易建鹏
装帧设计：吴可量
封面设计：吴可量

统　　筹：广东人民出版社中山出版有限公司
执　　行：王　忠
地　　址：广东省中山市中山五路 1 号中山日报社 8 楼（邮编：528403）
电　　话：（0760）89882926　（0760）89882925

出版发行：广东人民出版社
地　　址：广东省广州市越秀区大沙头四马路 10 号（邮编：510199）
电　　话：（020）85716809（总编室）
传　　真：（020）83289585
网　　址：http://www.gdpph.com
印　　刷：三河市同力彩印有限公司
开　　本：787mm×1092mm　1/16
印　　张：12.5　　字　　数：151 千
版　　次：2020 年 4 月第 1 版
印　　次：2023 年 1 月第 2 次印刷
定　　价：65.00 元

如发现印装质量问题影响阅读，请与出版社（0760—89882925）联系调换。
售书热线：（0760）88367862　邮购：（0760）89882925

再版序

一

做《十三行史稿》之际，写到在康熙打破“海禁”，实施开海后，雍正也一改祖制，撤销“禁洋”，放中国海商经略南洋，到了乾隆，更进一步取消了“加一征收”的恶税，大清梯度开放的格局最终形成。在这开放历程中，我骤然又遇到一个早已景仰的大学者，这便是李绂。雍正差点要了他的脑袋，却为他的耿介与学问，刀下留人。而在要求刚登基的乾隆取消“加一征收”恶税的六大臣中，他的名字又赫然出现了。

我熟悉他，只因为他曾对自己得意的弟子，后来同样是大史学家的全祖望的严谨考据提出疑问，称“望远者不见形，听远者不闻声”。也就是说，圣人之学，并不重在考据，你天分这么高，若去做远大的事业，对天下苍生裨益更大。他这一观点与2000年后西方学者所称的“一切历史都是当代史”有异曲同工之妙，从他上书皇帝要求取消恶税，亦能看出他一以贯之的思想追求：历史亦当为“合时而著”。

我写马应彪，也基于这样的思想。

我一直在思考，洋务运动产生的一批“官督商办”的企业，这商办者，多少还沾点官字，把这批官商推崇为历史前进的动力，有几分合乎历史的逻辑？而今“买办”一词已未见得有贬义了。再往前看，辛亥革命的深厚基础，尤其是经济基础，则已是民商而非官商，是民族资产阶级。

所以，我才选择了这位杰出的民族工商业的代表人物。无疑，此时写他，正是改革开放以来民营企业几起几落之际，一片苦心，唯天可鉴。

无独有偶，在中山这“四大公司”诞生的200多年前，也有过官商与民商之争。那正是康熙年间的十三行。康熙开海，重立十三行，一时间，不同背景的行商如走马灯一般出现，你方唱罢我登台，热闹非凡。开始，诸如总督商人、巡抚商人、将军商人一个个粉墨登场。后来，什么皇太子商人、王（藩王）商也都要分一杯羹，把个对外贸易的市场，搞得乌烟瘴气。而后，随着皇太子的失势，皇太子商人一下子销声匿迹。而被视为最后一位“王商”的洪顺官，也最终破产，“执笠”走人。也只有这之后，被视为民商的黎启官、叶吉官、谭康官才脱颖而出。后来，更出现了富甲天下的潘启官、后代认定的世界首富伍浩官，有了“潘卢伍叶，谭左徐杨”八大家，活跃在南洋及欧美航路上。

这一变化，似乎暗示了后来的洋务运动消停及民商工商业的兴起。

二

历史总会依照某种循环再现，相似，却未必完全一致。

我在早年《中国文化史观》一书中，对循环史观的不同阶段有过阐释：最早的循环史观是以自然为蓝本，而后则是以伦理，以生死，以“心”而周而复始。我只写到近代，那么，当传统的义利之辨，变成上述的以量化的经济来衡量，这又当是怎样的循环？

当然，螺旋式上升也没脱离循环，否定之否定嘛。这也就是现代史观了。

我想，凭此不难解释自己为何会欣然接受马应彪这样一个历史人物的任务。我曾说过："所有的史著，尤其是传记文学，首先并不是为历史学家、为有考据癖的人所写的，历史是有知识、有文化、受过教育者的学问一个不可或缺的组成部分。换句话说，撰写史著或史传，不仅仅为史学家，更为了几乎所有的受众，即有眼光、有思想乃至有理想的读者。这应该成为他们的精神支柱，令他们从中意识到从过去到今天，乃至未来之间所包含的思维模式与感知方式，让他们能有所得——包括对当下的深刻认知。"[①]

这便是不同时代会对不同的历史题材感兴趣的原因。改革开放四十年，似乎读者的口味在不断变化，伤痕文学、寻根文化……一直到今天的金融小说，这实际上反映了不同历史时期思想上和心理上的需求。变，是永恒的不变。我们这四十年，走过了多少发达国家一百年，甚至几百年的历程，科技上、经济上，也包括历史文化上。

平心而论，我对马应彪这样一个历史人物，无论是对其经历的了解，还是思想上的发掘，还远远不够。

一个人，是一本大书，也代表了一个时代。十九世纪末至二十世纪初，中国正处于激变的前奏，远比十三行时期、洋务运动时期要深刻得多、复杂得多。一个民族工商业家的崛起，在那个年代意味着什么，又面临什么，又往何处去，都不是一般人所能回答、所能说尽的。立象以尽意，我只能通过人物的刻画，透露出多少可能的信息。仁者见仁，智者见智，别人怎么评价也都是有理由的，不可苛求。

---

① 谭元亨编著：《客家文化史》（下卷），华南理工大学出版社，2009 年，第 943 页。

三

1999 年，我接受马家的委托，写了这部传记，当时还一点也不知道自己与“四大公司”的关系，乃至与中山的关系。

直到 2003 年父亲去世，查阅父亲谭文德的档案，我才大吃一惊。没想到，我与“四大公司”竟有太多的缘分。

原来，我还有个姐姐，叫谭利贞——“元亨利贞”，这是乾卦的卦辞，祖父用来为长孙、长孙女取名。谭利贞的母亲，即我父亲的前妻，叫蔡妙姬，是大新公司蔡家的千金——这是姑姑们在我的追问下说出来的。

只是，这十来年里，委托不少关系，包括红十字会，都没有找到他们。如果在上个世纪，马家，尤其是马文辉先生（马应彪四子）在世时，能托他查找，没准也能找到一点线索。毕竟四大公司的创始人关系复杂，后人彼此多少都有联系。十三行行商的后人，与四大公司的后人，该是门当户对。可惜在抗战中，从香港到粤北，从此劳燕分飞，失去了音讯。

而中山小榄的李氏家族，也同样与谭家是姻亲，一直都还有联系。这都是题外的话了。这里点上几句，则是我心存奢望，没准姐姐还能见到这本书，知道世间还有几位亲弟弟，且牵挂着。

无形中，连笔者本人也不曾得知的某种血缘关系，居然会在二十多年前促成了这部作品的完成与问世。冥冥之中，这只“无形之手”又在左右了多少人间的悲欢离合。这似乎是一种神秘的力量。

四十年前，我倡导过神秘现实主义的文学创作方法，不少作品也有这样的尝试。没想到自己也遭遇到这种神秘。

过往的历史，有着太多的不解之谜。老人一遍遍地“讲古”，正是为的这一“神秘”，并把这神秘一代代传下去。

永远解不开的神秘，不仅指向过去，也指向未来。

发展经济，这几十年都是“现在进行时”。二十年前的这本书，到今天也还是处于“现在进行时”中，中国的工商业远还没有到达巅峰，发展正未有穷期。时下，对民营企业的认识并不一致，这未可苛求，也表明它的发展未为穷尽。一切历史都是当代史，先施公司的发展史在今天仍有其意义。我们可以从中体悟到更多深刻的内容，以此为镜，走向更康庄的大道。这本书的不过时，不仅是书之幸，也是今日之幸。这部作品也是这本书神秘的一部分，它与我上十部不同类型的人物传记，共同烘托出上个世纪迷茫的星空。

“旧时王谢堂前燕，飞入寻常百姓家。”如今，十三行也罢，四大公司也罢，都是历史的遗迹了。也许，后人还在，有的公司名还在，但物是人非，不少后人更已转型，身上甚至没了先辈的商品意识与市场观念。充其量，我的书，也只是玩玩笔墨而已。我不知道自己还要说出什么，还是打住吧。

在此，衷心感谢中山市各方的支持。是为序。

谭元亨

2019 年 8 月

目录

引言 | 追随孙中山先生

据北宋《太平寰宇记》载：东莞县香山在县南隔海三百里，地多神仙花卉，故曰香山。这是史志上较早对香山（包括今日中山、珠海等地）的记载。康熙本、道光本《香山县志》亦作了考证。被誉为中山第一峰的五桂山，其“香”可谓千古不竭、四季袭人。这里是奇峰异石，相映生辉；岩壑瀑布，泉流交汇；山林如织，云蒸霞蔚；芳兰馨草，异彩纷呈；百鸟和鸣，美不胜收。而那扑鼻而来的芳香，更令人如沐琼浆玉液，浃骨沦肌，青春又再。

其实，“万古流芳”这样的命词，又何止用于这个地方呢？更应用于这里的人！物华天宝，人杰地灵，在此可谓名不虚传。尤其近代，那个天崩地裂、翻江倒海的岁月里，众多扭转乾坤、改写历史的伟人，更在这里应运而生，从而彪炳史册，名垂千古。

中国民主革命的先行者孙中山，就诞生在这个地方。伴随他出来的，更有一批叱咤风云、独领风骚的志士仁人。

现代人才科学理论，有一著名的成果，谓“人才群落的激发效应”。纵观人类文明史，杰出人物总是成批地涌现、形成群落，而绝少单个独行。每每是一马当先，众马奔腾，成浩荡蓬勃之势。在香山，显然也不例外。在中山先生冲天而起之日亦有众多的追随者，在这个地方走出来，负起了改天换地的历史重任，风流绝代，屡立奇功。他们与中山先生一道，开创了一个新的时代。该是中山先生的壮举，激发出了这么一批出类拔萃的历史人物吧？

信然。不用提在这前后的郑观应、徐润、郑藻如、容闳等近代史上的名人，且不说广州首义中壮烈捐躯的陆皓东、程奎光，辛亥革命后为共和而牺牲的程璧光、杨仙逸、陈景华及杨乃安父子。这里，我们只提一下，近代史上名扬中外的中国四大百货公司（先施、永安、大新、新新）的创始者，亦全是中山县人。四大公司之首——先施公司的创始人马应彪，便是中山先生从事革命活动时的筹饷委员。他比中山先生年长六岁。

如果说，中山先生等一批革命志士改写了中国的政治史、社会史，那么，以马应彪为代表的民族实业家，亦同时在改写中国的经济史、工商史。他们共赴国难，同舟共济，从不同的途径，改写了中国史。他们，都是创造历史的巨人。

来到马应彪的故乡（今中山市南区沙涌），才发现沙涌、竹秀园、恒美等出了一批商界巨子、实业巨擘的村子，竟是紧紧地相连在一起，甚至难以划分开来。看来，这绝非巧合。

明代礼部右侍郎、香山诗人黄佐的家乡，距离沙涌不过二十里地。对于家乡，他有诗赞道：

渔歌菱唱不胜春，桂棹兰桡镜光里。

石岐夜泊白鸥沙，南台缥缈浮梅花。

诗中的“南台”，即南台山，位于今中山市南区北台村东南。旧时南台山人迹罕至，环境清幽，“南台秋月”是“香山八景”之一。清代诗人萧桐青有诗赞曰：“枫落荒村万壑哀，晚来乘月步南台。空山别有闲天地，胜会曾无辟草莱。”“梅花”，指梅花水。梅花水发源于五桂山的梅花地顶，流经南桥、石鼓、北台、树涌，最后注入岐江河。

昔时尚是一曲田园牧歌，渔舟晚唱，平沙落雁，月照梅花；今日的中山，却是一曲现代工业雄壮的进行曲，众多工业集团落户在此，高速公路上车流疾驰而过。这一切，更让人缅怀前贤的开拓精神，尤其是他们的高瞻远瞩。没有他们，又怎么有今天？伫立在沙涌村，看海天茫茫、云舒云卷，百年沧桑皆至心头。位于南宝大街（得名于马氏先祖马南宝。宋末元初，端宗避敌过香山境，马南宝献粮千石饷军。宋亡，南宝率军与叛军作战，不敌而亡）的文阁古塔，在丽日中分外秀脱，亦不知其在默然间对这片热土的变迁有何感想。众多古老与现代建筑，簇拥在这里，分明又在诉说无限之慨叹——那黑白相间、红绿互映，是一种更为具象的语言。

前人已有诗在前，那是清代名诗人杨节所吟《文笔山》：

一枝青玉彩云攒，似挑南离自染翰。
日下研朱浮鸟篆，月中飞白上毫端。
银河淡抹烟全湿，碧落浓书墨未干。
囊尽九州思脱颖，五花光焰照人寒。

当以长空为纸，云霞为墨，写下这中山人的壮志奇篇。这该是“文笔”给人们的启示吧？

正是沙涌人这种大手笔、大写意，才有了中国近现代史上的大变革、大转折——一代伟人在历史上脱颖而出！昔日的河涌，如今已难以寻觅；但过往的荣光，迄今仍照耀着后人。

追随中山先生的足迹，紧跟马应彪先生的行踪，你可领悟到多少生死荣辱、兴衰毁誉的真谛？后来者当有怎样的步履？

五千年故国，当为他们而骄傲！

历史上，有过无数个名人相识，结下生死之交，留下千古佳话的故事。马应彪与孙中山先生相识，也同样是这千古佳话中的一个。

其时，马应彪的事业刚刚起步。而孙中山先生的革命，也在酝酿之中。所以，让我们打破时间的顺序，先来记录下这意义非凡的一章吧！

1892年，对于马应彪来说，无论是个人命运，或事业的开创，都是一个不寻常的年份。这一年，他由澳大利亚往返于珠江三角洲之间，为经营自己一手在澳大利亚悉尼创立的永生公司果栏及其他业务，水程旱程，台风恶浪，历尽了艰辛。

往返于中澳之间的风浪，在年仅32岁的马应彪来说已算不了什么，澳大利亚炽烈的阳光与豪迈的暴雨，早锻造了他坚强的体魄，何况他已闯过了卖猪仔、做苦力的几大关，正踌躇满志，准备到香港探询设立金山庄的可行性。

他在中国的事业，前程未卜，可志向已定。这，却是得益于自己的一名同乡，也同样是美国教会里的教友。这位比自己小六岁的年轻同乡，论个头，比他马应彪矮了那么一截；论身段，更显得瘦小孱弱。可一双眼睛却那么炯炯有神，有一种摄魂夺魄的力量。

他们早在教会里相识了，同是基督教徒，一位经商，一位从医，但同样受西方近代思想的深刻影响，都把自己的专业同救国联系起来。因此，一经相识，便视为知己。一位从海外回来，携资以图实业兴国，一位早已广交朋友，成为后来有名的“四大寇”的核心。两人都有振兴中国的目标，年龄相仿，又是老乡，怎能不一拍即合呢？

其时，年轻人已在香港的西医书院修业完毕，毕业考试中十门功课取得荣誉成绩，以“特殊优等”的资格毕业。这是西医书院第一届毕业生，而获得医生执照的仅他和另一名中国人。文凭还是由香港总督罗便臣所发的。只是，凭此却仍不能在港执业。

年轻人踌躇满志，转道澳门，那里离他的家乡香山县翠亨村，大约六十里地。年轻人准备在那里开一间药店。谁知“同行生嫉妒”，在澳门的葡萄牙医生竟向当局投诉，说他没有葡国的文凭，硬要把他挤走。此处不留爷，自有留爷处。年轻人血气方刚，卷起铺盖就走。他决计回广州去开药店。

就在回广州的路上，他与在教会相识的马应彪结伴而行。年轻人不觉讲起了西人对华人的排挤，马应彪感同身受，也讲起了华人在新金山（即墨尔本）、悉尼遭西人侮蔑甚至杀害的往事。两人皆义愤填膺，年轻人竟语出惊人：与其行医治人，不如强兵富国以治世。

马应彪一下子便被打动了，可不，中国积弱，华侨在海外屡遭欺压，唯有国家强大，侨民才能直起腰杆说话。

“幼尝游学外洋，于泰西之语言文字、政治礼俗，与夫天算地舆之学，格物化学之理，皆略有所窥，而尤留心于其富国强兵之道，化民成俗之规。”年轻人慷慨陈词，英气勃发。

两人谈得是那么投机、自然。马应彪没少说海外创业与经商之道，对国内的官商愤嫉不已，说到了想回国发展。多年来，马应彪一直在筹划实业救国，这正投合年轻人的心思：中国就得靠实业来兴盛。当然，得靠新的方式，得有雄才大略。年轻人的一字一句，都镌刻在马应彪的心里。临分手，他依依不舍，一拍年轻人的肩膀，大声道：“以后，有用得上我的地方，尽管开口。中国有句老话，士为知己者死。我虽商人，却一般通晓物理，略识西语。古人云‘商人重利轻别离’，可今日世界之商业，却是重信誉，重然诺，一诺千金也。非中国之旧商人。”

其时，亚热带的阳光，如纷扬的金箔，飞撒在各自的征途上；紫荆树上的花盏，如翩翩起舞的彩蝶，伴其远行。

果然一诺千金。

临别这一暂，竟让这两位年轻人结下了人世间非凡的友谊，并在历史上写下了浓重的一笔。这绝非一名医生与一名商人之间的故事，而事关一个五千年古国的历史命运。

那位年轻人不是别人，正是日后推翻帝制的第一人——孙中山先生。

若干年后，马应彪看到了孙中山先生在他们两人相识之后仅隔两年所写的《上李傅相书》。李傅相者，李鸿章大学士也，当时清廷最有权势的官员。此上书中的内容，可以说，当日两人途中交谈时已有所涉及，年轻人书生意气，挥斥方遒，直道：“窃尝深维欧洲富强之本，不尽在于船坚炮利，垒固兵强，而在于人能尽其才，地能尽其利，物能尽其用，货能畅其流。此四事者，富强之大经，治国之大本也。”

读到这，马应彪拍案叫绝。可不，美国正号称“以商立国”，货能畅流，则财源裕也。当日，自己亦没少给他讲这方面的见闻。中山先生的大哥孙眉是个大商人，自己身边亦有一批名士，自然深谙这治国之径。马应彪不觉读出声来：

“所谓人尽其才者，在教养有道，鼓励有方，任使得法也。……质有愚智，非学无以别其才；才有全偏，非学无以成其用。有学校以陶冶之，则智者进焉，愚者止焉，偏才者专焉，全才者普焉。……故教养有道，则天无枉生之才；鼓励以方，则野无郁抑之士；任使得法，则朝无幸进之徒。斯三者，不失其序，则人能尽其才矣。人能尽其才，则百事俱举。百事举矣，则富强不足谋也。”

“所谓地能尽其利……所谓物能尽其用……所谓货能畅其流……”，字字句句，掷地作金玉之声。马应彪站了起来，念出了最后几句：“夫人能尽其才，则百事兴；地能尽其利，则民食足；物能尽其用，则材力丰；货能畅其流，则财源裕。故曰：此四者，富强之大经，治国之大本也。”

也就是孙中山先生上书的这一年，马应彪在香港创立了永昌泰金山庄。金山庄的业务，是代客办理商品进出口手续，并为华侨代办出国、入境和回国的手续，兼办船票、食宿、侨汇、济家，等等。在永昌泰金山庄，马应彪连任了六年的经理，一直到1899年。所以，这些年，他大部分时间，都奔走在国内，与孙中山先生的关系日趋紧密。

上书之后不久，孙中山在檀香山成立了有名的兴中会。第二年的正月，他便回到香港，召集旧友陆皓东、郑士良、陈少白等在香港成立了兴中会。一批在港的工商界人士，秘密加入这个组织，如新沙洋行船务副经理杨衢云、澳大利亚著名侨商之子谢缵泰、炳记船务公司经理刘燕宾等人。杨衢云任香港兴中会的会长。

是年九月初九，兴中会预定在广州起义，不料当局查获自香港运至广州的枪械，孙中山的挚友陆皓东被捕后英勇就义。1900年，惠州起义失败。1901年，杨衢云在香港被暗杀。1902年拟在广州举行的起义被清政府察觉，谢缵泰逃亡在外。这一系列的起义及活动，马应彪捐助了大笔资金。

1905年，兴中会与黄兴领导的华兴会、章太炎领导的光复会，联合成为同盟会。那时，先施公司业已成立。

一日，孙中山先生的侍卫郑卓德，忽地闯入先施公司的会议室。马应彪正在开公司会议，见小郑行色匆匆，便打了个手势，赶紧迎了过来。两人一同来到走廊上。小郑递上一张纸条：“请借五百元。文。”

马应彪一看，便认出了孙中山先生的手迹，二话没说，从银台上拿出了五百元，交给了郑卓德。随即，便把纸条撕得粉碎扔了。

这样的事，不知发生过多少次了，马应彪总是有求必应。当时，五百元是笔巨款，当金山庄经理时，他月薪才十元，一般职员月薪仅三元左右。五百元，当时可买得下一栋楼了。当时，革命的经费十分紧张，马应彪多次自掏腰包支持孙中山先生。

此间，他亦亲自或派人到澳大利亚为革命捐款。作为澳大利亚一个影响不小的侨商，马应彪为革命筹资可谓殚心竭力。

珠江口，烟波浩渺，帆影点点。

乾隆二十二年（1757），清政府下令只准广州一口通商。鸦片战争以来，这个近百年来中国向外洋开放的唯一口岸，不再有昔日的平静、安宁与祥和了。铁链横江，尚可见斑斑血痕；炮台颓坍，或能识皑皑白骨。隐约间，尚能闻当日的枪炮之声，那凄厉的划破空气的枪炮的呼啸。

一部中国近代史，就是在这里揭开的。开篇，充满了屈辱与血腥。

伫立船台，上横档岛、下横档岛等要塞炮台群在波涛中忽隐忽现。马应彪深深地吸了一口气，毅然来到渡轮的乘客当中，开始了他的传教活动。

船中之人认出他是香港一位有名的牧师的女婿，纷纷让出位置，好使他走到前边。

“神佑祖国，也必报答你们这受苦患的人。善恶到头终有报”，“我等今日，乃驱除鞑虏、恢复中华之外，亦发扬基督精神，一贯以自由、民主、博爱，国体民生尚当与民变革。”

他巧妙地讲起章炳麟、邹容等人的《驳革命驳议》：“人人挟一不自由毋宁死之主义，以自立于抟抟大地之上，与文明公敌相周旋，则炎黄之胄，冠带之伦，遗裔犹多，虽举扬州十日、嘉定万家之惨剧，重演于二十世纪之舞台，未必能尽歼我种族。不然，逆天演物竞之风潮，处不适宜之位置，奴隶惟命，牛马惟命，亦重蹈红夷棕蛮之覆辙而已。”

显然，客轮中，大都是来往于海内外四方的华侨们。他们早在海外，深受世界现代潮流的影响，痛感中国之落后，头脑中亦少有国内封建皇权思想的影响，对马应彪的宣讲，十分支持，广为响应。

有时，一有清廷鹰犬来骚扰，他们即主动组成人墙，掩护马应彪。

一时间，来往华侨中，马应彪亦闻名遐迩，为人所感佩。

1901 年，香港兴中会的会长、与马应彪同为香港商界人士、新沙洋行副经理杨衢云，被清朝官员派出的特务暗杀了。

噩耗传来，有人问马应彪：“今天，你还上渡轮去吗？”

“今天更要去！”

“为什么？”

“革命，还怕死人吗？就是让清廷看看，革命，是暗杀所吓不退的。”

于是，他又昂然地上了渡轮。

“耶稣被钉在了十字架上，但他早就预言自己三天之后便会复活。若望福音中，耶稣对前来认他又不敢承认的人说，大声说：谁信我，不是信我，乃是信打发我来者，谁看见我，就是看见打发我来者。我是光，来到世界上，为叫凡是信我的，不在黑暗里站着。谁若听了我的话，不遵守，我不审判他，因为我不是来审判世界，乃是为救世界。”

说到这，他忍不住了，泪水夺眶而出。听者都知道，他引用这一段福音书，正是为了悼念刚刚被杀害的烈士的。

他以自己更奋勇的战斗来作纪念。大家跟着他，唱起了圣诗。

暗杀，吓不退革命。镇压，更成了革命的催化剂。

二十世纪的第一个十年，如同孙中山先生在《中国问题的真解决》一文中强调的那样：

> 清王朝可以比作一座即将倒塌的房屋，整个结构已从根本上彻底地腐朽了，难道有人只要用几根小柱子斜撑住外墙就能够使那座房屋免于倾倒吗？我们恐怕这种支撑行为的本身反要加速其颠覆。

同盟会成立后，武装起义的烽火，更是在全中国成燎原之势。

1906 年，湘赣爆发萍（乡）浏（阳）醴（陵）起义。起义者自称奉“中华民国政府命”，继承太平天国的事业，并发布了“破除数千年专制政体”的檄文。起义延绵了两个月，牺牲了上千人。这是同盟会领导的第一次起义。

接着，从 1907 年至 1908 年，在孙中山先生策动与直接领导下，同盟会先后在广东、广西和云南举行了六次武装起义。六次，虽然都失败了，却大大地动摇了清朝的统治。

1910 年，在广州的同盟会会员于阴历新年宣布起义，攻打省城，在敌众我寡、力量悬殊的情况下，悲壮失败。

紧接着，1911 年 4 月 27 日，有名的黄花岗起义爆发。起义军攻进两广总督府，终因准备不足、配合不及而失败。

然而，没几个月，10 月 10 日，武昌起义令早已摇摇欲坠的清廷一朝倾覆，给中国的封建统治敲响了丧钟。此后，多个省份宣布独立。12 月，孙中山先生从国外回到了上海。12 月 29 日，孙中山先生当选为临时大总统。1912 年 1 月 1 日，孙中山在南京就任临时大总统，宣布中华民国成立。

马应彪在广州的一系列起义中发挥的作用，是可想而知的。

孙中山先生的侍卫郑卓德在回忆中，曾这么追记过：

马先生当年公开的身份是澳洲华侨，在香港设有两间金山庄，经营汇兑业务。香港当时没有私营银行，办理私人汇兑的银号，实际上即等于今日私营银行，由于信誉昭著，有很好的经济基础。

他绝非一个帝国主义和封建主义统治下的顺民，更非守财奴，否则他老人家不会将他一生的血汗金钱去帮助革命……干革命工作，总离不了金钱，组织同志、联络同志，处处需要财、钱。从哪里来？就是靠有钱的革命党员和爱国的华侨捐献，所以，后人称华侨是革命之母，一点都不错，而马先生就是其中之一位最得力者了。

郑卓德多年后仍感叹道：马应彪先生的“民族意识和爱国思想特别浓厚，他参加革命团体比一般人所付出的代价更大”。凭此，我们可以得知，马应彪当年在香港连办两个金山庄，目的是很清楚的：不仅仅是为方便澳大利亚等地的华侨汇款至国内，与家乡的亲人联络；更重要的是，有了革命者自己汇款的渠道，海外华侨为支持中山先生革命，就可避开清政府的耳目。

不难想象，这样的金山庄，在辛亥革命前夕，为支援革命，立下了多大的功劳，又承担了多大的风险。这是该郑重记下一笔的。

1911 年底至 1912 年初，民国临时政府定都南京，当年追随孙中山先生闹革命的众多广东籍人士，奉命北上。如年已半百的广东军政府教育部长丘逢甲，是著名的民族英雄，当选为广东三人代表之一，赴南京参加会议，选举临时政府大总统。他多年为国事奔忙，积劳成疾，由广东北上，衣单被薄，正是隆冬时节，滴水成冰，又如何受得了？

类似北上的南方人士，有上百人之多，一个个被严寒相逼，有的甚至病倒了。中山先生想起，马应彪正筹划在上海建立先施公司，先行人马业已抵达上海，建立了货栈与营业点，不妨派人去找找他们，以应燃眉之急。于是，他派出了自己的侍卫郑卓德，让他带领先期到达的几位广东人士，去找先施公司在上海的筹备机构。

郑卓德来到了上海先施公司筹备机构，让门人引见了管账先生。

管账先生一眼就认出他来了："这不是郑先生吗？在香港时见过，见过，是我们马老板的老朋友了。如今，该是孙大总统的高足了吧？"

郑卓德也没啰嗦，说明了情况，而后提出："我得选购百十件皮大衣，给临时政府中的广东人穿，先挂赊账，行吗？"

"好办，好办。"

旋即向行家如数征集。

于是，郑卓德领着大家，一共选购了一百二十多件皮大衣，拿走了。

随后，孙中山先生率临时政府一干人，去晋谒明孝陵时，所有同去的广东人士，都已穿上了厚实、暖和的皮大衣。虽说山头白雪皑皑，山上寒风凛冽，大家都仍意气风发。

丘逢甲先生虽重疾在身，可一身暖融融，竟呵了呵手，即在陵前挥毫作诗：

郁郁钟山紫气腾，中华民族此重兴。
江山一统都新定，大纛鸣笳谒孝陵。

这几乎是丘逢甲先生的遗诗了。一个多月后，他便病逝于广东老家镇平县（今梅州市蕉岭县）。这位伟大的民族英雄、教育家兼诗人，无疑对马应彪有着重大的影响。

纵然南京的临时政府处于风雨飘摇中，可孙大总统仍未忘记马应彪在上海的雪中送炭之情，乃令郑卓德即日携款至沪还清。

谁知，管家却问："还需要什么吗？"

"不，我是来还赊账的。"

"上次挂赊账，让马先生知道了，不仅把全部账单报销自付，还数落了我一番，说你们为推翻帝制，身家性命都不顾，我们干吗为几件皮大衣斤斤计较。末了说，以后你们再需要什么，只要有，不作保留，也不挂账。"

"所以，你以为我今天是来要什么的。"

"是呀。"

"可这笔款子，是孙大总统要还你们的，说什么也得收下。"

"不，说什么我也不能收。一收，我的饭碗就得给砸了。马先生要生气的。"

郑卓德感动万分，只好回去了。

在回忆中，郑卓德这么说过："至于马先生有求必应自愿交给孙中山先生多少钱，我也记不清楚有多少。总之，马先生捐助革命经费是一个可观的数字。"

马先生自己不说，别人也无从查询，但粗加估计，按今日算，至少是数千万元。为革命，他是不惜倾家荡产的。

在澳大利亚的心酸经历，使得马应彪更加期盼古老的中国能自强自立。一旦中华大地上出现一个崭新的、没有帝王的民国，他便准备全心全意投入建设。不料时局波诡云谲。民国成立不久，宋教仁被暗杀。袁世凯尚未脱离嫌疑，又迫使国会选举他为大总统，随即，又野心勃勃地妄图称帝。

孙中山先生发动了"二次革命"，失败后，流亡国外。袁世凯欲称帝，孙中山又从日本回国，发表讨袁宣言。袁世凯终在"国人皆曰可杀"声中一命呜呼。

1917 年 7 月，孙中山从上海回到广州，领导“护法运动”，力图维护在袁世凯之后被北洋军阀废弃的民国约法。部分国会议员亦来到广州，召开了“国会非常会议”，决定在广州成立军政府，孙中山则成了军政府的首脑，称为大元帅，并通电全国，号召北伐。

北京政府则下令通缉孙中山等人。形势十分严峻。也就是这个时候，马应彪毅然决然地出任了大元帅府的筹饷委员。

由于“非常国会”内部矛盾重重，军政府内桂系、滇系军阀诸多掣肘，加上北方军阀与表面支持南方政府的军阀暗中勾结，孙中山的处境十分不妙。马应彪此时出任筹饷委员，也承担着极大的风险。

一天，他正守在库房清点装备时，忽地传来杂沓的脚步声。他感到有些不对头，赶紧迎了过去。在库房内，他挡住了几名强行闯入、身着戎装的军人。说时迟，那时快，为首者迅速抽出了手枪，对准了马应彪。其他人也一并抽出驳壳枪，包围住马应彪，并截断出路。

马应彪临危不乱，正色道：“你们要干什么？”一军人解开胸扣，亮出了缠在腰上的两捆炸药，声称：“看见了没有，不答应我们的要求，我们就要你同这库房一同炸上天去！”

马应彪厉声道：“这里的一切，当为革命所用，岂能让你们胡作非为。”为首者穷凶极恶地宣称：“你们只要交出枪械和钱财，就不关你的事了！”

一向面善的马应彪，双眉倒竖，面无惧色，回答道：“我职责所在，须有大元帅之手令，方能发放物资。”凶徒恼羞成怒，用枪直抵马应彪胸口，咆哮道：“难道你不怕死吗？”

马应彪正气凛然，大声作答：“怕死我就不干革命了。”这洪亮的声音，吓得来者心肝俱裂，不由得倒退了几步。在库房外值勤的士兵，也听到了这一洪大的声音，感到出了什么事，便赶紧围了过来。

胁迫者见势不妙，持着枪，向外倒退，落荒而逃——原来，他们才是真正的怕死鬼。

马应彪放声大笑起来。

但这一事件并非偶然。不久，非常国会通过了《修正军政府组织法》，准备取消大元帅的首领制，剥夺孙中山的职权。这显然是内外勾结，阴谋捣鬼。

1918 年 5 月 4 日，孙中山愤然辞去大元帅之职，离开广州，回到上海，并发表了辞职通电：

> 顾吾国之大患，莫大于武人之争雄。南与北如一丘之貉。虽号称护法之省，亦莫肯俯首于法律及民意之下。……文于斯瘏口哓音，以薪各省之觉悟，盖已力竭声嘶，而莫由取信。知我者谓我心忧，不知我者谓我何求，斯之谓矣。

1921 年 5 月，孙中山重返广州，任非常大总统。他力挽马应彪仍任大总统府的要职。但马应彪主意已定，要去开拓自己的先施公司。

他干革命，并不是想做什么官。革命成果的巩固，却离不开扎扎实实的实业的开拓；国计民生问题的解决，需要更多的人去做经济工作。孙中山先生当年“人能尽其才，地能尽其利，物能尽其用，货能畅其流”的设想，更是“富强之大经，治国之大本”。孙中山先生在这一段时间内制定的《实业计划（物质建设）》中更是强调：“中国富源之发展，已成为今日世界人类之至大问题，不独为中国之利害而已也。惟发展之权，操之在我则存，操之在人则亡”。

“发展之权”“操之在我”，这些话在马应彪心中，已打下深深的烙印。

就这样，一位在推翻帝制的斗争中富有传奇色彩的人物，倏地在众所瞩目的大舞台上消失了。而他稳打稳扎的实业，却在不知不觉中，成了一个正欲走向繁荣富强的大国坚实的基础。它也许不显赫一时，也没那般振奋人心，却坚实而又恒久，并牢不可摧。

是耶，非耶？

得耶，失耶？

历史自有评说。

现在，这部传记的正篇开始了。

也许，笔者业已顺从于过去的历史目光，只注目于那种气吞山河、金戈铁马的时代弄潮儿，激赏他们那种摧枯拉朽、横扫千军的英雄气概。不错，历史每每是为他们所改写，历史的丰碑上，往往只镌刻下他们的英名。这是无可非议的。而这些人的九死一生、万难不屈，却证明了，历史的演变并不那么轻易与简单，辛亥革命一枪打跑了宣统皇帝，却打不走中国的封建主义。袁世凯称帝、张勋复辟不必说了，帝王思想与专制主义不时沉渣泛起，又给二十世纪的中国带来过多少灾难，才使得中国的现代进程如此艰难。

因此，那些实实在在地推动着历史前进，却默默从事于从根本上改变社会制度与经济基础的开拓者们，亦同样应该得到后人崇高的敬意。他们的业绩，在巨大的空间中将日益醒目地耸立起来，并得到历史最终的承认。而他们的人格力量，也将影响一代又一代的后人，并塑造出真正的未来。今天的忽视，恰巧促成了日后更高大的复活。如著名的传记大师茨威格所言：历史以不可思议的路径移动着。

半个世纪之后，我们重新写就马应彪先生的传记，亦正是历史使然。

尤其是改革开放的今天，人们从狂热的政治斗争中冷静下来，清醒下来，面对经济上的许多问题，急起直追西方发达国家之际，才深深地感觉到，他当年所做的努力，无论成功还是失败，都是那么宝贵，那么具有远见卓识。我们今天所应做的，竟有不少地方是他曾经做过的，有些甚至比我们做得更好。

半个世纪以后的历史感激之情，也就证明了他当初起的是怎样不可忽视的作用。他选择的道路，其实也同样荆棘丛生——上海人也许不会忘记1937年日机轰炸先施公司的那场冲天大火。

但他毕竟走过来了。走出了一位中国全新的实业家的伟岸！

第一章　磨砺明志

马家的故事

马应彪出生于1860年12月21日，出生地是广东香山县城附近的沙涌（“涌”见于地名，与“冲”同音，指小河）。

那是一个风雨如晦的岁月，是中国近代史上一个耻辱的年份。这一年，第二次鸦片战争结束，清政府与英法等国签订《北京条约》。至此，清廷丧权辱国，到了登峰造极的地步，而列强瓜分中国亦已到了肆无忌惮的程度。《北京条约》把《天津条约》中所规定的对英、法的“赔款”，都增加为800万两，另还加上“恤金”70万两；俄国则夺去了黑龙江以北与乌苏里江以东中国的广大领土，达100多万平方公里，相当于英、法、意三国领土之和。

鸦片烟，则成为“合法的进口商品”。这些条款中，与马应彪的命运息息相关的，则有这么一条：“准许华工出国到英、法属地或其他外洋地方做工。”而这一条的交换代价，则是开放内地任洋人深入。

这一规定，使外国侵略者在东南沿海掠买华工大批贩卖出洋的非法行为，从此得到“合法”的保障。也可以说，马应彪刚一出生，他的命运便已被决定下来。

这一屈辱的条约签订时，英法侵略军已打进了北京城，咸丰皇帝逃到热河行宫。在这年 10 月 18 日，对东方文明骇人听闻的浩劫——火烧圆明园的历史惨剧发生了！

而今，圆明园的断垣残柱，已伫立有一个多世纪了。不难想象，马应彪对自己出生那年发生的一切，皆如刀子一般刻在了心底。而这，也铸造了他奋发图强的民族精神。

灾难种下的每每是自强的种子。

那烛天的大火，那被掠夺的珍宝，那聚集有古今艺术瑰宝的壮丽宫殿与园林的毁灭，与东南沿海被“卖猪仔”的华工人权与人的尊严的丧失，同样是一个民族心酸、痛苦的记忆，并具有同等的历史意义。

于是，血与火的印记，烙刻在马应彪出生的年份。

而一个民族尊严的记忆，在这个家族的历史记载中，已延续七百多年了。

沙涌马氏族谱，迄今仍有详尽的记载——纵然到了二十四世传人马应彪，早已家徒四壁，穷困不堪了。

可自幼靠捡猪粪卖钱的马应彪，由于父亲马在明的谆谆教导，记住了马家不凡的传统，“有朝一日，重振昔日的荣光，为这个家族争一口气。”年纪虽小，马应彪的气性却不同一般。

然而，第二次鸦片战争后，加上太平天国悲壮地失败，中国农村更陷水深火热之中。史载江南一带，“市人肉以相食，或数十里野无耕种，村无炊烟”。连年的水旱灾害，更使得广东赤地千里，饿殍遍野。尤其是两广为太平天国的发祥地，清政府“剿杀”未已，疯狂之极，更迫使广大百姓大批逃亡，近者到香港、澳门，远则到南洋、美洲、澳大利亚，以避灭门之祸。

家里已穷得揭不开锅，当局仍横征暴敛，百姓哪怕终日为牛马，也不得温饱。面对面黄肌瘦的妻子李氏、初通人事的儿子应彪，马在明一咬牙，决计“卖猪仔”，远涉重洋，上澳大利亚的悉尼“掘金”。1851 年初，那里便宣布发现了金矿。

旧时，穷苦的青壮年男人被拐卖到外洋做苦工的，俗称“卖猪仔”，史书中称为“契约华工”。《辞海》称“契约华工”为“被迫同美洲、东南亚当地雇主（殖民者、种植园主、矿场主等）签订卖身契约从事劳役的劳工”。契约华工制盛行于十九世纪末至二十世纪初。这只是公开的、冠冕堂皇的说法罢了。事实上，这是一种诱骗与拐卖华工以牟取暴利的罪恶勾当。专门从事买卖契约华工的场所被称为“猪仔馆”，贩运契约华工的船舶被称为“猪仔船”。华工在出洋之后，多从事繁重的体力活，因此被称为“苦力”；此外，还须在一定时期内攒上一笔钱，以偿还“客头”垫付的船费。这船费，事实上仅要五元的话，售价却高达五六十元不等，所以，“客头”作为人口贩子，便从中大发其财。顾名思义，“猪仔”一词，便是将人当作畜类，同运猪一样，把华工塞进拥挤不堪的底层统舱，遇风先抛人后抛货。

凡是被当“猪仔”卖到海外的，能活着抵埠已是万幸，不少就死在船舱或中转站上的牢房里。

这一切，马在明早已听说，心中有数。可到了这一地步，唯有铤而走险，说不定，真能掘出金子回来，世代不再受穷了呢。可惜的是，当他听闻悉尼有金可掘时，那里早已开掘了近三十年，开矿执照也不知已经过多少人手了。

“孩子，我得走了。”临别，马在明将应彪唤至跟前，千叮咛万嘱咐，在家要孝顺母亲，要勤奋读书，要为家分忧……

“我们马家，本是一大望族。切莫辱没了祖宗啊。”马在明给儿子数起了家谱。

“一世祖马公直北，系河南开封府汴梁望族，时为朝廷命官。没料到，皇上为奸臣秦桧花言巧语所蒙蔽，欲与金人议和，直北公挺身而出，与谏议大夫刘节、抗金名将岳飞，犯颜直谏，拒绝与金人和议。结果众所周知，岳飞被十二道金牌召回，殒命风波亭。直北公也被贬谪到当时被视为瘴疠之地的岭南。故我们马家人，皆忠直耿介，爱国爱民，不惧权贵，敢说敢为。这是一世祖直北公给我们树起的楷模，当万世表率。”

“一世祖以下，马家亦出了满门忠烈，仅至五世，便又出了位了不起的人物。”

“爸爸，你快说。”马应彪已听入神了，这已不仅仅是故事，而是血脉所系。

父亲能不细说吗？他是独子，独竹更须成林，须有先人的精神以激励，日后才会卓然于人世而不至于碌碌无为。

于是，父子来到了宋行宫的故址。历数百年风雨剥蚀，此处只余一片断壁残垣矣。没头的蒿草，已从乱石间长出；偶有人点上几炷香火，只见青烟袅袅，惹人以忧古之思。

“年久失修了，而今我辈竟无能为力，当有一日，要发起主修方是。”马在明喃喃自语。

其实，在他走后不久，这一故址，便由族人发起，重修成了“马氏大宗祠”，又名教忠堂。修复之日，马应彪亦没少出力。只是修复后不久，他也走了父亲同一条路，这是后话。

就在这凋残、凄寒的故里，马在明追叙起了五世祖马南宝忠义壮烈的爱国事迹。

“慷慨护皇躬，千古饷军，蓬荜竟为行在所；艰难兴义族，一身殉国，番酋应酹好男儿。”

那是六百年前，金国已自衰败，被元军所灭。元军挟灭金之势南下，宋军拼死抵抗。大战鄂州，死守襄樊，尸横焦山，终不得不步步南撤。宋德祐二年春，临安失守，恭帝被元军掳去，其弟赵昰、赵昺，则与礼部侍郎陆秀夫、都统制张世杰等文武大臣，先退至温州，又退至福州，终同右宰相文天祥所率的大军汇合。

国不可一日无君。五月，在文武大臣的拥戴下，赵昰于福州即位，是为宋端宗。文天祥提师自闽入赣，克复州县多处，引走了元军主力。端宗得以率文武退入广东潮州。没料到，由于重兵压境，文天祥寡不敌众，且战且退，也被迫退入广东，在海丰五坡岭不幸被俘，被囚三年多，后慷慨就义，留下“留取丹心照汗青”之千古绝句。

这一来，潮州便岌岌可危了，端宗只好率满门文武，督水师沿海南下，入珠江口。十月，抵磨刀门、虎门，最后，终于经石岐（香山县治，今中山市区所在地）而驶入良字都（包括今中山市南区、石岐等地），也就到了马家所在的沙涌。

端宗入住的地方，正是马家五世祖马南宝的居所。所谓“宋行宫”，便由此得名。

这时，已先行来到岭南的南宋臣民，纷纷前来勤王。为保卫端宗，马南宝派人把守城门，下令知情者严守秘密，勿将端宗来沙涌的消息泄露；又在村前山冈，挖深沟，筑高垒，做好应战准备。

今日由广州驱车至中山市区，不过一个多小时的车程。当时元兵已攻陷广州，离沙涌仅咫尺之遥了。

“时至今日，我们沙涌这里的山地，仍有南门城北门城旧地的称呼，就是那时五世祖南宝公留下的。”马在明不无自豪地对儿子说。

南宝公亲自给皇帝献上了粮食千石，以充当军饷。鉴于他的功劳，端宗召拜其为工部侍郎。

同时，宋宗室赵若举，招募乡民数百，补充王师，受封武翼大夫。另有隆都高绅高添献粟，授为宣义郎。

元兵陷广州之日，马南宝献酒于诸将，称："痛饮黄龙府，在此行也！"并且高歌一世祖直北公挚友岳飞的《满江红》：

怒发冲冠，凭栏处，潇潇雨歇。抬望眼，仰天长啸，壮怀激烈。三十功名尘与土，八千里路云和月。莫等闲，白了少年头，空悲切。

靖康耻，犹未雪。臣子恨，何时灭？驾长车，踏破贺兰山缺。壮志饥餐胡虏肉，笑谈渴饮匈奴血。待从头，收拾旧山河，朝天阙。

歌声激烈，穿云裂帛，闻者无不动容。

是年十二月，元军突袭磨刀门，张世杰率师迎战于香山岛，却未能挫灭敌军之凶焰，沙涌告急。

陆秀夫、张世杰等奉帝撤至珠江口东岸，舟退保秀山（即东莞虎头山），南宝公招募乡兵上千之众，护送到香山岛，元兵又迫至硐洲（位于今东莞境内）。左丞相陈宜中以求援为名，远走安南（今越南）占城。

南宝公听到这个消息，恸哭不已："丞相必不返，国事危矣。"

果然不出所料。纵然第二年都统凌震复广州，端宗却在硇洲（位于今粤西吴川）受惊，得疾而亡。陆秀夫等又拥立卫王昺，号祥兴帝。祥兴二年（1279），宋元海军于崖山决战。宋军开始还能支持，却已没了后援，终于被元军重重围困。张世杰率少数战船奋勇突围，却遇上狂风骤雨，舟覆人溺，宋水师全军覆没，张世杰壮烈殉国。二月，陆秀夫负宋帝昺投海殉国，杨太后亦捧国玺投海。南宋遂亡。

南宝公闻讯，悲泣不食，隐匿不降，愤而作诗，以哭祥兴帝：

翔龙宫殿已蓬飘，此日伤心万国朝。
目击崖门天地改，寸心难与海潮消。

又吟道：

黄屋匡扶事已非，遗黎空自泪沾衣。
众星耿耿沧溟底，恨不同归一少微。

此诗，他以少微星（隐士星）自喻，恨不能与崖门殉国的少帝臣子一同沉于海底。可他仍企盼宋朝奇迹再起。一日，他听说祥兴帝昺并没有死，而是早已同宰相陈宜中去了安南的占城。于是，他又同招讨使黎德及梁起莘一道，起兵运粮，往安南去迎车驾。

不防元军招降梁起莘为都元帅，南宝公与黎德一道，亲加讨伐。然而，敌众我寡，他们又一次失败了。南宝公被俘，叛军屡加劝降，南宝公英勇不屈，终壮烈殉节，时年方三十六岁。后人赋诗以志其忠烈：

沙涌清夜月，曾照故行宫。未抵黄龙府，空悲白雁风。
丹心思蹈海，正气化长虹。若遂崖门志，吾乡有大忠。

此诗为黄佐所作，高度概括了这位抗元志士的一生。

一世祖犯颜直谏，被贬岭南；五世祖受命于危难之中，不惜毁家纾难，国亡与亡。马家代代相传的民族气节，都化在了马应彪满腔的热血之中。

年纪小小的他，就已亟盼为国家、为民族而赴汤蹈火。

父亲马在明临行的嘱托，更让他觉得，自己该快快长大，像祖上的英烈一样，干出一番事业来，不致辱没先人。月光下“宋行宫”的废墟，影影绰绰，似有无数的忠魂在奔走呼号，挟来阵阵撼人心魄的海潮风涛；他仿佛看到在血战中仍傲然高扬的宋军的龙旗，看到身负重创仍奋勇杀敌的民族志士，看到与文山公一同吟着“人生自古谁无死，留取丹心照汗青”从容赴义的先祖。一时间，不由得热泪盈眶，不可自已。

淘金梦魇

他也许没有看到父亲马在明是怎样在“卖身契”上画的押，更不知道在香港等候着他父亲的“猪仔馆”会如同黑牢，连小小的天窗都高不可攀，仅为的是透气，自然也不知道运“猪仔”的底层统舱是怎么一回事。可他父亲马在明心里却是明白的，此去，可是九死一生，侥幸活下来，还需支付多年的“赎身费”，才可给家中汇上些钱币，真苦了家中的妻子与独儿。可大丈夫，不出外闯荡，困守家中，“竭一人终岁勤劳之力，往往不能仰事俯蓄”，以致“力难自赎”，不更是绝路一条吗？拼死一搏，还可能有条活路，不拼，则半点希望也没有了。

况且，近百年来，“华工仍多私自出洋者”，漂洋过海去谋生路，已成了香山县乃至珠江三角洲男人们的主要出路。尤其是太平天国失败后这么些年，往南洋逃亡的更不计其数。

马在明一咬牙，走！

船在珠江水网中颠簸。

那么一条小船，怎能载这么多的人，又如何过风恶浪险的珠江口？

岸上留下的老人、妇女与孩子，已在呼天抢地了。在不少人来说，这无疑是生离死别了。

马应彪揩干了眼泪，一直目送载着父亲的漂流船消失在茫茫水面上。

也许，这时他已经作了打算。也许，他自己也没料到，过不了几年，自己也得走上同样一条茫茫的漂流之路。

由非洲贩卖黑奴至北美的史实，令人从西方大量的典籍与文学作品中早已有所耳闻。个中情景之阴森惨厉、毫无人道，令人发指，以至被史家叫做“贩卖人类血肉”的血腥贸易。相当一部分人，在被囚底舱时就已无法支持，奄奄一息，甚至未及断气，便已被扔进大海。

华工的遭遇，比黑奴只有过之而无不及，他们的死亡率甚至远远高于当年的黑奴。到中国运苦力的外国船，都在香港改建成夹层的统舱。这样，中国苦力呼吸的空间就更少了，而船舱装的苦力则可多一两倍。统舱还专门加装舱门铁栅，以防苦力忍受不住冲上甲板。根据西方史家的统计，华工在海上的死亡率，最多时高达 45%，也就是接近一半。

华工比黑奴更不如。黑奴作为主人的财产与工具，一旦折磨死了，主人还得再花钱去买，所以，对黑奴的压榨再甚，还得考虑自身的利益不至于受损，一死，就赔本了，得让他们再活下来卖力气。华工则不然。华工只是契约期间为主人劳动的奴隶，所以，契约期内完全榨取掉华工血汗，契约将满，你死活我就可以不管了，死了更好。

也就是马应彪出生的那一年，英国的《威斯敏斯特评论》就已指出：

契约华工劳役一听主人之便，华工虽至劳死，亦非所顾，较之黑奴又下等矣。盖黑人乃永久之役，主人常恐其积劳致疾，有误其工，故待之较优。若华工则因期限有定，如不严加逼责，必致期满尚有余力。故在八年内，力求其食用少而出力多，倘能于一年内竞八年之功，则其身虽殁亦可弗恤。

这是西人自己的评述，可见华工之惨烈，连他们自己也不得不承认。难怪，“中国苦力”一词，在十八、十九世纪要取代“黑奴”，而成为一个历史的共名。其间，渗透有多少华工的血泪啊！

应彪的父亲马在明，就是在这种状况下，被当作“猪仔”运到澳大利亚。当他还留下一口气，在澳大利亚登岸时，他都诧异自己居然还活在人世。异国的风光，更使他有恍如隔世之感。

“我还活着吗？”从水中的倒影中，他只见到一具干枯了的皮包骨的躯体，几个月前在香山的自己早消失了。此刻，人不像人，鬼不像鬼，连自己也认不出来。

身边的人，尚认识的已没有几个了。尤其是同乡。

多少个恐怖的日子——底舱里，你无法分辨出白天黑夜，只听几声哀号，就可以听到笨重的物体拖出去的钝响声。而后，则是舱门“砰”的一声关上。很快，就可以听到有什么被扔进大海的水响。

这是风平浪静的日子里可听到的。显然是病死或病重的劳工被“处理”掉了。假如风狂浪险，劳工船在巨浪中颠簸，底舱里则是不绝的哀号与呻吟，自己也昏昏然不知所终，一旦清醒过来，身边是必已少了好一些劳工，这是抛人不抛货的呀。他们的命运，就不用问了。

他庆幸自己还活着，凭借自己的毅力，也凭借原来在中国业已经受的磨炼。即便头痛呕吐，他也尽量不发出呻吟，以免就此被“客头”拖出去扔去喂鱼。

活下去，这是需要勇气的。也许，妻子与独儿的思念，给了他这一份勇气。

不知挨了多少个昼夜，他总算挨到了头。虽然还有好些年的“赎身”期，可活着抵埠，这已是第一个胜利。他相信自己一定能坚持到最后。

“快走，小心看鞭子。”有人在他身后催促，是同船活下来的劳工。回头，果然看见“客头”扬起了皮鞭，正气势汹汹地扑来。

这畜生，一开船脸就变了。当初，为把劳工哄上船，脸上堆满了笑。

鞭影一晃，马在明心中咯噔一下。等待自己的，会有比大洋上更险恶的命运吗？

等待马在明的，除开数年的“赎身”期外，绝不是黄灿灿的金子，而是随时可能坍塌的淘金坑与矿穴——中国人只能在白人业已放弃的，或已采掘殆尽，或十分危险，或含金量极低的矿穴内淘采。

种族的歧视虽不是一开始便有的，但无端的忌恨却每每教华工料所未及。

其实，华工对于所挣的微薄工资珍惜，是因为它们来之不易。一日，马在明领了一笔薪水，小心翼翼扎在腰带上，不知怎的，就被一群白人围上了。

“走，上赌馆去。”

“来，我们去喝个痛快。”

马在明挣扎出来，说：“我还得还赎金。”

另外的华工也称：“我们在中国还有妻子儿女。”

这本来是再正当不过的理由了，没料到，白人一听，便来了火：

“吝啬鬼！中国乞丐！”

“把我们的钱弄走到中国去，不行！”

话不投机，竟大打出手。体弱的中国人自不是对手，被打个头破血流。

待从血泊中爬起来，再摸身上，早已分文不存了。原来，华工太勤俭了，积攒了钱，都设法送回老家，而不是上赌馆酒店花个精光，这便让白人看不惯。

可恨的是，连当局也认为“便宜了华工”，竟相继立法，限制华工登岸，并强行征收华工人头税——每人十英镑。这在当年可是个大数。

剥削，层层而至。不妨照录一段戊戌变法的主要发动者梁启超在《新大陆游记》中的记载：

> 吾昔在澳洲，闻吾华工每一人至其地者，率须费七八百金，其船位之价不过百金耳，何以余费之巨至于如是？盖因坤士兰、域多利两省限吨位，每船率仅能载四五人。而欲往者之数，殆十倍之而未已，故必须报名候补。候补或至五六年不得，故竟以多金贿赂船行之司事。甲以三四百得一位，乙以五六百夺之，丙又以七八百夺之，故遂至以七八百为定金。其事殆与官场之捐尽先班者同矣。寻常西人以三百金得头等船位，而我华人乃以七八百金得三等船位，可叹。
>
> 华人之往澳洲者，其目的地率在乌修威（雪梨市者，乌修威之首府也），以千金之税不易纳也，故由吨位以过域多利或坤士兰，然后复由彼两省间道以潜入乌修威境（两省皆乌修威之邻境），谓之偷过界。偷过界被拿获者，除照征税百镑外，仍加罚五十镑，无资可罚则下狱一年，狱满仍逐出境。

人头税由十镑上升为一百镑时，那些排华的魁首，还到处演讲煽动：

“我们是自由人，他们是奴隶！”

“我们是基督徒，他们是不信神的人！”

"我们是不列颠人，他们是蒙古人！"

就这样，单独个别的殴打事件，终于酿成了大规模的暴行。大批的华工被驱赶，被伤害，有的甚至被打死。马在明有多少次死里逃生，恐怕他自己也难以数清了。尽管这样，白人的报纸，仍针对中国人的节俭，这么宣称："所有各阶级一致公认中国佬正在把我们应当传给同种人的遗产全都吞噬光了。"

悲剧仍在继续，纵然在白种人当中，仍有正义的呼声。还是 1871 年，邻国新西兰议会曾选派一个委员会调查中国人的问题，面对事实，他们做出了合理的结论：

> 中国人是勤劳节俭的。他们……对于当地社会的道德和安全并不产生什么特别的危害。他们不像是会引入什么特别易于传染的疾病。他们能很好地适应体力劳动、轻便的工作和农业生产。
>
> 中国人……的目的几乎全是为了淘金。他们只占用欧洲掘金人认为继续采掘不能回本的矿穴，他们使在这些废矿里淘沙采金变成有利的事业。

不必再援引了。可怜的中国苦力，连采白人遗弃下的废矿穴的权利，都遭到了剥夺与敌视。这个委员会的结论，则成为官方最后一次用善意对待中国人的一纸空文。以后，连空文也没了。

紧接着的是一系列的排华立法。

每一个废矿穴，都有一到十个华工的冤魂在里面呻吟着。马在明也把鲜血淌在了这些矿穴里。但他仍顽强地活着，不仅还掉了全部用来"赎身"以还给"客头"的钱，并且暗中积攒起一小笔、一小笔的便士。

如同所有中国华工的幻梦一样，攒上个一两百英镑，便可以返回中国，就能在故土安家立业了。但要实现这一目标，却是一个漫长的过程，远非当日卖身时所想象的快捷。

他思念在故国的亲人，每夜，都面对着北方，聆听海涛拍岸的喧响。妻子一个人，含辛茹苦，要把儿子带大，该是多么不容易。好在儿子懂事，能为母亲分忧了。

一晃，便七八年过去了。那是个连日历也挂不起的岁月，可每个日子都刻下锥心的痛苦，屈辱的记忆：

> 张三的辫子给白人揪断了！
>
> 李四被白人逼着吃了大粪！
>
> 王五被工头踢成了残疾！
>
> 陈六被土人抓走，吊在树上风干后被做成腊肉。

一入夜，都不得不庆幸自己又活了下来。

对于那些拿了一两百英镑，再熬过几十天夜航回到中国的人来说，他们或许永远不会对后辈说起这些心酸的往事，顶多，在子女们欢笑之余，独自一人侧过身去暗暗落泪。于是，重蹈覆辙的仍纷至沓来，都以为可以挖到金山。年复一年，中国人就是在这种虚幻的自我安慰中延续着自己的生命，如同灯蛾扑火。

但在火的余烬中，新一代的生命却蓬蓬勃勃地激扬了起来，终将烧毁这种虚幻。一代一代人的血，毕竟会滋长出一个伟大的生命来！

马在明并没有白白地在澳大利亚卖命吃苦。他同与他先后到达澳大利亚的华工们，不仅开拓了一片新的大陆，也给古老的中国带去一丝微弱的世纪之光。它告诉中国人，不可以照过去的模式浑浑噩噩地活下去了。

没想到在苦苦的思念中，业已长大成人的儿子马应彪，有一日，竟会在异国出现在父亲的面前，就在这片渗透了华工血泪的新大陆上。

捡猪屎的少年

天色未明，马应彪早已急急地起了床，提上工具，匆匆地出了门。一出门，便教一股寒气逼得退后一步，浑身直打颤。他赶紧蹦跳了几下，上了路，好让身子尽快暖和过来。之所以这么早出门，是怕昨日路上留下的猪粪，被一早来往的车辆与行人践踏，不好再拾起了。他拾了猪粪，送到县城石岐的猪屎围卖掉，多少能有几个小钱，可以赡养母亲与年迈的外婆。

他抱住双肩，在料峭的寒风中往前摸索着，凭借一点微光，去发现地上的猪粪，及时拾起，置入箩中。至于猪粪的臭气，他早已习惯，也麻木了。凡是发现一堆，欣喜还来不及，哪顾得上嫌臭呢?

他没能读几年书，家中太穷，供不起，父亲“卖猪仔”到澳大利亚的头几年，自然是分文无归，家中还得靠他呢。后来在他的自述中，关于受教育一段，只有一句话：“居受困之乡，略习南方国语。”“略习”，也就是只有很少的机会学习国语，认识的字自然不多。

少年拾粪的记忆在他一生中从来不曾淡忘。他记得当日的寒风，寂寥、斑驳的道路；记得路人的白眼、冷笑，自己因穷而受的屈辱；也记得猪屎围收买粪肥者的刁钻狡猾，压秤压价，为几分微利而煞费苦心。当然，这更锤炼了他一颗坚忍、刚毅的心。由于天黑，磕磕碰碰，栽个筋斗，甚至摔下沟堑，都成了家常便饭。傍晚穿过竹林时，经常能听到“沙沙”声，很像风吹动竹叶发出的声音。旧时传言，这是“撒沙鬼”在作怪。马应彪偏不信邪，终于弄清楚，你愈怕、愈跑，脚后跟扬起的沙就愈多，所谓的“撒沙鬼”只是人的心理作用。

就这么支撑到二十岁。那时，中法战争已箭在弦上，一触即发，家中的困窘，也日渐严重。还像过去那样过活，只怕连自己也养不活了。

不知是母亲捎了口信到澳大利亚，还是父亲在那边亦有心思，一日，在一名南洋客走了之后，母亲李氏把应彪叫到了身边：“孩子，同你商量件事。”

应彪是个孝子，应道：“母亲有什么吩咐，尽管说吧。”

“唉，你已经二十，是个大人了，不能老守在妈的身边，做娘边崽，没出息。”

“儿子愿好好侍奉母亲，可是，如今谋生无门，田瘠收薄，我心焦如焚，对不起母亲大人……”

“不能这么说，你已尽心尽力了。我也不应该把你留在身边。是男子汉，当出去闯个天下，方可成得了大器。”

“妈的意思？”

母亲从怀中掏出了三十五元：“这是刚才那南洋客留下的，说是你父亲托他带回来的，让你拿上，当作盘缠，上澳大利亚悉尼去找他，你们父子在一起，好有个照应，也能多积攒一点，早早回来……”

母亲竟说不下去，哽咽住了。

应彪接过了钱，一时不知该说什么好。半天，却问了一句不该问的话：“那……要我什么时候走？”

母亲竟放声哭了出来：“这就走吧，何必一日复一日在这里受穷。”

应彪才知道自己说错了，“不，不，我得在妈身边多待上些日子。”

他没说完，已泪流满面，母子竟哭作了一团。

可总归得走。

父命不可违是一回事，家中的处境，也不容他再耽搁了。应彪设法多积攒一点钱留下，可连短工也很难找了。三十五元当盘缠都不够，更无法匀出一点来。

离别的日子终于到来了。

母亲那日忽地不见了，急得外婆团团转，应彪也蒙了。这个时刻，她能上哪儿去呢？好在邻居一语点醒，该不是上庙里烧香许愿去了？

应彪拔腿就跑。跑到庙里，在黑压压一群下跪叩拜的人中，他一眼就找见自己的母亲。

母亲点燃了三炷香在跟前，口中念念有词，分外地虔诚。

应彪知道，母亲是求菩萨保佑他此番漂洋过海，当一帆风顺，早日与父亲团聚，并且能够攒上一笔钱。毕竟只有一个独子呀，这一走，当母亲的能不心疼吗？

应彪也去点了三炷香，默默地来到母亲身边，跪下了。

他也在许愿：愿早日发达回家，教母亲余生不再受穷，合家团圆，光宗耀祖……

母亲觉得耳边的声音很熟悉，一侧头，竟是自己的儿子也来了，不觉一下子泪水满面。

佛门重地，不可太感情外露，她默默地许了一个又一个愿："愿我这孝顺的儿子，在菩萨的庇护下，能逢凶化吉，早去早回，不辱没先人，到时衣锦还乡。愿我这善良的儿子，不受坏人的欺负，走正道，办大事。愿……"

庙中香客许愿还愿的声音，如涌动的大潮，让人觉得脚下的大地也在摇晃。马应彪觉得有点头昏，他忍住泪，搀起了母亲："妈，您的心愿我都明白，我不会有事的，我一定能平安回来，心想事成。有妈在给我念佛，无有不成之事。”

两母子就这么搀扶着，离开了香烟缭绕的庙堂。

涌边，愁云惨雾笼罩着这南国水乡，连清澈的水面上也一片浑浊，倒映的是一团团灰黑色的阴影。涌边的树木不时飘落下几片残叶，随流水缓缓地逝去。

前来接客的船只，都靠在了水边的小码头上，已经有人在催促了：上船啰！

外婆蹒跚地走在一旁，半语全无；母亲在耳边不绝叮嘱，却也已不知所云。马应彪只是机械地点着头，不时抬起让泪水弄得模糊的双眼，看看慈祥的外婆与母亲，好把她们的面容更深地、更深地记在心中。

此去，便是海角天涯。

他下意识地摸了摸身上的衣襟，上面凹凸的缝线，还是母亲昨夜留下的。一遍又一遍，为的是更结实一些，经得起海上的颠簸；也为的是儿子少受点罪，万一破了，就该皮肉受苦了。

“慈母手中线，游子身上衣。临行密密缝，意恐迟迟归。谁言寸草心，报得三春晖。”应彪在学国语时，老师便口授过这首古诗。此际，一下子涌上了心头。

“该上船了。”母亲喑哑了。

应彪兀地跪下了，放声大哭起来：“妈，二十年养育之恩，为儿铭记在心。此行大海茫茫，天各一方，万勿为儿操心。儿当自重、自强、自立！”

母亲含泪道：“有这话，妈就放心了。”

马应彪指天发誓：“此去，为儿必挣回二千两银子回来修复祖祠，让母亲大人安度余年。有天作证，决不食言。”

母亲与外婆大恸。两人拉起了应彪：“你的心我们都明白了，我们并不求大富大贵，只求你们父子相安无事，他日平安归乡便是了。快上船吧。”

马应彪一边揩泪，一边回头看两位亲人，一步一步向码头下的船头走去。

一声汽笛，家乡在薄薄的雾霭中渐渐远去，母亲与外婆的慈容仍依稀可辨，船尾激起的浪花，翻飞为白色的羽翼，催促着船只疾行。

慢一点，让我多看故乡几眼，那桥，那屋，那树，还有宋行宫的遗址。马应彪的心被什么扯住了一样。泪水无声地覆盖了他的脸，他只觉肝肠寸断。

马应彪此行，同父亲马在明被“卖猪仔”上澳大利亚不一样，是用自己的钱买的船票，不至于一下子便失去了人身自由。父亲托人带回的三十五元，为的是免去儿子当“猪仔”的悲惨命运，儿子不可以像父亲那般不幸了。

但三十五元顶不了什么用。

如同前文中梁启超《新大陆游记》中所写，华工到澳大利亚，花上个七八百元才只能得个三等船位。那么，三十五元买到的是怎么样的舱位，就不难揣测了。其待遇，恐怕比“猪仔”好不了多少。只好在不是乘的猪仔船。

大海茫茫，一路上的巨浪、狂风，大自然的暴戾，照旧是躲不开的。而手头上的钱，买了船票后亦所剩无几，只好省吃节用。数天下来，不呕吐了，人一样瘦成皮包骨。终于在漫长的航程之后，船抵达了澳大利亚。

三十五元虽说免了海上受的罪，可却带来了登岸之后更大的风险。因为华工的目的地，唯有上新南威尔士州的首府悉尼，别处均无金可淘，更何况马应彪的父亲也在悉尼等他去呢。但如果船直接抵达悉尼登岸的话，当局对华工征收的人头税，已经超过千元。对于路费才花得起三十五元的马应彪，又如何缴纳得起？

好在华工们都有自己的“黑道”。

这就是先到新南威尔士州的邻州上岸，而后设法偷越西州的边境，进入悉尼。这样，就没人征税了。

可这得铤而走险。如果被抓住了，除征收一百英镑过境税外，还得加罚五十英镑，无钱可罚的，得在黑牢里关满整整一年。狱满之后，仍驱逐出新南威尔士州境。

纵然如此，这条路，比直接在悉尼抵埠交上千元税金还是要便宜得多，一年后驱逐出境，还可以再冒一次险，不见得每次都被抓住。所以，绝大多数华工，都选择了这条路。马应彪也别无选择。

如果说，人们称“猪仔船”为海上“浮动地狱”，那么，从昆士兰州到新南威尔士州的征途，那便是一座陆地的巨大地狱了。

那是千古蛮荒的土地，加上连年淫雨不绝，几乎没有一条可以称得上为“路”的通道。遍是沼泽，遍是陷阱，又处处是山脉、河流，要走过去，无异于上刀山下火海。而且路途漫漫，上千里地，如果坚持不住，必抛尸荒野。而这还是在别人的土地上。

但华工们没有犹豫，马应彪没有犹豫。登岸后，没有休息，便上了这条危机四伏的征途。

多少个被大雨淋得身上没有半根干纱的日子，可口中还在叨念：“下吧，下吧，这样就不至于被抓住罚款，老天这是为我们作掩护。”却也有好几位同路人，终于倒在了林莽中，或被急流所冲走。大家唯有默默叨念着他们的名字，以便日后给他们的家人送个信息。

他们互相搀扶，互相激励。他们夜以继日，不敢有半点松懈。临近边境，只能在黑夜行动了，在丛莽激流中摸索着前进。偶尔听到零星枪声，也不知是哪位兄弟倒了霉。一有动静，便往隐蔽处扑，甚至扒来断枝乱叶把自己盖起来，屏住呼吸，听“橐橐”的脚步声从不远处响过，继而消失。

心都提到嗓子眼上了。月黑风高，不时传来兽嗥，分外凄厉与恐怖，更逼人发疯。

也不知是怎样越过了边境。这就是被称为澳大利亚第一州的新南威尔士州。1823 年，便有一名叫贝利恩的政府测量员报告过，在州内巴瑟斯特以东十五里的鱼河，发现了金沙。1839 至 1842 年，有人在境内不同地方发现了金矿。但是，直到 1851 年，一个在澳大利亚的英国人哈格里夫斯，才正式在悉尼附近勘探掘金。澳大利亚大规模的掘金史便自此开始了。

只是，到马应彪抵达悉尼时，淘金热已是明日黄花了。乡人传这里是“新金山”（其实是误传，新金山在墨尔本），可这里能掘到的金子已所剩无几。

淘金梦成空

马应彪刚到，自然不知道这一切，还沉浸在与父亲马在明重逢的喜悦当中。

父亲见他一路辛劳，形销骨立的样子，便劝他：先歇上些日子，调理调理，再从长计议吧。

马应彪十分诧异，父亲为何只字不提掘金的事？“不，我马上到金矿去，我要趁身强力壮，多掘一些，我还给母亲立了誓，不挣个两千银就不回去。”

“不用着急，去也白去。我说了从长计议嘛。”

“为什么？”

父亲长叹了一口气：“我也没去掘金了。地面上的碎金块已经大部分掘尽采净。往后，只能往地底下去挖了，费工费时，还很危险。不久前一个矿坑采空，塌了顶，几名华工埋在了里面。我看，你来，不必再干这行啦。”

“那我能干什么？就这行才能积蓄点金子回去。”

“从长计议吧，从长计议，别老守住旧的想法，现在情况都变了。”马应彪脑子一下子转不过弯来：在香山，还没动身，打的便是掘金的主意；海上颠簸那么久，也就靠采金梦支撑着，才坚持了下来；偷越州境，九死一生，如果不是当日给母亲的誓言，有朝一日给家中携回金子，那就寸步难行了。不，我决不能改变主意，再难，别说掘地三尺，就是三丈、三十丈，我也一定要把金子采回去。

他没有听父亲的劝阻：“我是立了誓，许了愿的，决不食言，一定要采到金子。”父亲到底没劝得住他，没过几天，他便偷偷同一道来到悉尼的年轻人，头戴尖顶圆形大斗笠，肩挑简单的行囊及采金用的锄头、铁铲、畚箕，成群结队地翻山越岭，深入荒凉的山区，走在崎岖的山路上，为自己的命运搏一搏。

几乎与他同年抵达澳大利亚的一名华工谭仕沛，在古稀之年，曾请人代笔，追记下当年情境，留下一部《阅历遗训》。其中有一段，真实地记载了当日去淘金的情形。书中说到他们到达澳大利亚时：

> 顿失所望，据悉传闻失实，误听伪言，金既难求，且也水土不合，因而致病者比比然也。沿途所见华人，鹄形菜色，非贫则病，愁叹之声不绝于耳。先进者不歌来暮，反切去思，后进者能不聆言心忧？然既已来此，姑往探之。

这一心思，与马应彪违父命，坚持去采金，该是一致的。《阅历遗训》又写道：

> 乃置锄焉，备铲焉，举凡器用食品，或负之，或担之，左提右挈……

结侣入山，鱼贯而行。比到十六米时，夕阳西下，因而止息。露宿风餐，其苦可知。越二日戒途，凌晨遄征，人步亦步，人趋亦趋。既不敢离群而索居，亦不敢独行踽踽，恐失援而为野人所算，剽食堪虞。所以载驰载驱，汗流气喘而不敢自由止息者，我是之故也。及到二十米逢水即止，群焉卸担，提汲执炊，各行其是。憩息二天，爰又启行。履巉岩，越崎岖，及到廿六米，疲困已极，举步难移，人困怀止息。又歇三天，行至四十米，滂沱大雨，坑水盛涨，欲济无舟，徒兴望洋之叹。栉风沐雨，淋漓尽致。守望水涸，而糇粮已尽。我迫转回谷仓，以解粮食。及水涸首途，至五十二米止宿。屈计行程，已届一月。

还没抵达采金之地，人已经折磨得奄奄一息了，但还得走下去，不然，何以复见家乡父老兄弟？淘金人的辛苦，唯有自己咽下去。

而更为凶险的，还在后头：

至七十二米，名曰大山脚，亦云殆矣。在此息处，此有次大山焉，高插云霄，不知其几千万仞，纡徐而上，迤斜而下，龛桎难堪。询诸行旅，曰此为八十二米。或轻弃其行李者有人，或作阮籍之泣者有人，手胼足胝，肩破血流，血衣胶固，牢不可脱，强为更衣，痛不可耐。呜呼，无辜而受肉刑，不禁抚肩而太息。暂停数天而又行矣，至九十六米而栖止。

此间，人不像人，鬼不像鬼，浑身是没一处好肉了，可决无退路可言。也只有中国人，才忍受得住这种非人的遭遇。

及至一百米，已越三月，乃始淘沙，绝不见金，戚然忧之。适郭良兄道出其间，不吝指教，始晓开采，而所采又属无多，每日不过一二分金，仅是糊口而已。乃时数恨人，命途多舛，脚生石疽，不良于行。闻道石疽用火炙石，石热脚踏其上，血活即愈。吾如法试之，果有奇效。然尚未疾愈，同侣远徙，不得不追随而往。至百二米欲止，又闻百三米金苗极旺，群趋若鹜，载奔载骤。及至百三米，时已六月，择地而采，每日可得六七分。而父与弟相继而病，呻吟枕席，焦虑万分。

无疑，年轻的马应彪，同这位谭仕沛一样，也经历过如此一段艰辛，甚至有过之而无不及，可他又淘到多少金子呢?

更有甚者，其间，英国殖民者把国内囚犯大批押送到了这片新大陆上来，扔下就不管了。这些人，可谓杀人不眨眼。对有色人种，他们更是从骨子里带着歧视，根本不把中国人当作人。不少来自中国的掘金人，惨遭他们的毒手。

一个个矿坑被这些罪犯所强占。一个个采金的中国人，暴尸荒野。不少中国人，都被迫放弃了掘金这一行当，另觅生路了。偶有坚持下来的，除开担惊受怕外，金子本身也已采不出什么了。

如谭仕沛所云："时已五年，吾见采金同海底捞月，又顾而之他。"谭先生先在酒店当佣工，继而菜园养猪，垦荒种蔗，伐木开林，最后开起商店。也许，这正是众多华人在澳大利亚走的一条路。

马应彪在矿场上见所淘之金不足以糊口，几经拼搏，终于找机会离开了。来自中国的淘金人也日见减少，纷纷转业干上别的行当。当时，英国政府令充军至澳大利亚的囚犯自给自养，停止了军粮接济，无疑加剧了这一危机。

白手起家

马应彪在沙涌本就是种菜的好手，回到父亲身边，便自行去开荒。澳大利亚地广人稀，不少生荒地都没人开发，马应彪日出而作，日入而息，把一片片荒地，规整为一块块的菜田，拥有了自己的菜园子。

由于从中国带来的菜种品类众多，加上土地本身也比较肥沃，很快便有了收成，除自家食用外，大部分可以外销。这些时鲜蔬菜，不仅深得当地华人的欢迎，也受到白人的喜爱，这一自产自销，则颇有收益。

但马应彪不懂英文。在市场上，西人没有中国人讨价还价的耐心，问上一句，不知所云，掉头就走了。马应彪因此失去很多的生意。

这天，一名西人站在他的菜担儿旁，叽里咕噜说了几句。马应彪一个字也听不明白，只好打上手势，说明是多少钱。谁知那西人却瞪大了眼，一脸怒火，径直走了。马应彪丈二和尚摸不着头脑。

旁边一名菜贩这才告诉他，人家问这是什么菜、味道怎样、如何烹调，显然是很感兴趣，没想你手势一打，他以为你说只卖给中国人而不卖给他，所以怒气冲冲地走了。马应彪苦笑了一阵。

是呀，在澳大利亚谋生，如果不懂英语的话，生活是很难过的，因为中国人毕竟是少数，你不面向人口占多数的本地人，生意怎么也没法做起来的。

“不行，我得学英语。”马应彪下了决心。

是日，他找了一名会几句简单英语的菜贩，让他用英语教上几句话：“我来给你当佣，不要工资。”

那菜贩蒙了：“你这是疯了，学这话干吗？”

“我不要工资，只是让他们帮我学习英语，学会后，我便离开。”

菜贩说："这何苦呢？"

不学好英语便做不大生意，得从长远着想才行。

菜贩终于被说服了，教他用英文说"我来给你当佣，不要工资，只学英文"。

马应彪口中念念有词，终于把这几句念得顺口了。

第二天，他便来到一个英国人的店铺里，拍拍门，打打手势，而后，便把学来的那句话原封不动"贩"了出去。

英国人又一次瞪大了眼睛："你说的可当真？"

马应彪连连点头。

西人办事历来痛快，不假思索，便道："很好很好。"

马应彪便在这店铺里干起来。当然，不能上柜台，只是听吩咐，连手势加口语，给搬送货物，结算数字什么的。

这段时间，马应彪尤其留心于生意场上的用语，尤其是接待顾客的交易术语。由于刻苦用心，仅三个月，他已经基本上掌握了日常用语，可以与西人自由对话了。于是，他便同店主告辞，回去经营自己的蔬菜档。

他迈出了重要的甚至可以说是关键性的一步。由于能在市场上与西人对话，马应彪在中国同行中显得分外突出。

他把自己种的蔬菜拉到市场上，用英语标上名称、价格，并用英文向顾客做介绍，每每说得顾客眉开眼笑，产生了兴趣。这一来，他的菜很快就卖光了。他打道回府之际，别人的还没能卖掉多少。

几天下来，中国的菜农都看呆了。

"马先生，今天我这一车菜就交你卖好了。我们只管回去种菜，多开一点荒地，这边就拜托你了。赢利，我们商量个数，彼此分成。"那些不会说英语的菜贩，开始走上门来，同他商量。

开始是在市场上，他卖完自己的一份，便被请去帮别人卖。卖完一家又一家，大家也都很公平地给他一份红利。无形中，他的收益也就多了起来。

以后，其他菜贩也不等他卖完，一车运到他的摊位上，说：

“马先生，我们的菜运来了，全托付你销售，改日再结账好了。”

“马先生，菜留下了，我们这就回去种地，多种一些。”

马应彪竟应接不暇了。各色蔬菜，更丰富了他的摊档，生意也就愈来愈旺了。

除开蔬菜，各色水果也送上来了，委托他代卖。

“我们不妨照西人一样，签个合约，你们送来，我按批量价，一次性把钱付给你们。卖好卖差，卖多卖少，也就由我一个人担责任，赚了亏了，以后都是我的事。”

自然皆大欢喜。菜贩、果贩都省了事，而且收入也有了保证，何乐而不为。

生意做大了，也不必一天天跑市场了。于是，马应彪决计由行商改为坐商，不再那么辛苦地赶着马车去运蔬菜，更不用自己下地去种菜了。

这样，当与自己联系的农户达到一定数量后，他决定自己开一个蔬菜店与水果店。

不久，他便在玛丽街上自办了一个店子，让菜农、果农直接把产品送到店上，由他直接出售。

1890 年左右，在新南威尔士州从事淘金业的华工只剩一千多人了，而从事园艺与畜牧业及其他农业的，则上升到约七千来人。流动贩卖果菜的小商贩有三百多人，属于坐商的店主也有三百人。随着时间推移，果菜贩商是上升得最快的。

可见，马应彪审时度势，及时把握住了当时澳大利亚华人经济发展的趋势，从而走出了自己的一条致富之路。

久而久之，光收购零售，也就不适应当地经济的发展了。开始，马应彪只是在玛丽街 38 号租地存菜过夜，第二天一早再把菜拉出去卖。后来索性租店出售，坐商即由此开始。历经近百年，马应彪的后人在 1980 年左右访问澳大利亚时，这个旧店仍存在。

这该是他一生事业的起步。

取信于人

随着蔬菜水果业的兴起，区区一小店，显然已不能满足需求了。正在这时，悉尼新建一个禾秆市场，这无疑是一个绝好的机会。

但是，要购下市场上街角的旺处，殊非容易，光凭他一个人的积蓄，还差一大截。但如果失去这个机会，今后要发展就更难了。

马应彪当机立断，在悉尼的香山同乡中奔走，设法说服他们拿出一笔钱来，把街角最大的店面盘下来。皇天不负苦心人，他的奔走没有白费，在筹集到上千英镑后，终于如愿以偿。

由于是他出面组织，再加上他的资金最多，平时也是他主持事务且懂英语，所以，大家也就推举他为司理——这是广东同乡的叫法，也就相当于经理之职。

1890 年，马应彪联合马焕彪、马永灿、蔡兴等合作开设了永生公司，主营蔬菜、水果批发。随着业务逐渐扩展，又开办了永泰分店。后来永生果栏、永泰果栏与同乡郭乐开设的永安果栏联合，成立生安泰果栏，实现规模经营，几乎垄断了悉尼的蔬菜和水果市场。

与此同时，马应彪也一举成了当地“蕉王”。

原来，这几家果栏的货源，除了当地自取的一部分外，主要来自两个地方。一个是新几内亚附近的岛屿雅达顿，另一个是斐济群岛，相去都有一两千海里之遥。这些地方，都以盛产香蕉著称。

由于生安泰的实力不菲，来往于雅达顿和斐济的焦油帆船，无论是单帆还是双帆，都包得起，后来，连汽轮也包下了。果栏同贩运商订立了代销合同，运来水果，全由三家果栏包销。马应彪颇有生意头脑，经营得法，及时把握住了市场的供需，所以赢利甚丰。当然，要走到这一步也不容易，至少也经历了两个很大的风险。

一是由悉尼到雅达顿和斐济，往返需两三个月，如遇上台风什么的，就很危险。为掌握与开拓货源，马应彪亦亲自去过斐济群岛看货与采购，一路上历尽风浪。但进价一磅仅2—5便士，到达澳大利亚则可达4—7便士，甚至高达8—10便士，路上吃了苦头，回报却还是巨大的，不管怎么也值。

这还不算什么。马应彪考虑到路遥人力不支，一旦翻船，损失巨大，于是动了念头，要在澳大利亚北部靠南回归线一带，种植香蕉，因为纬度差不多，气温适于香蕉生长。主意已定，便亲自带头上昆士兰州（位于新南威尔士州北）垦荒种植香蕉。

然而，这番努力，几乎付诸流水。

由于土质、气候诸方面因素，大部分的蕉林全枯萎或坏死了，最后，仅剩下一种长佛手形的蕉长了出来，可收获也很不理想，只好彻底放弃这一种植计划。

谋事在人，成事在天，马应彪并未气馁，反而把精力全部投入生意中。一个小小的挫折，更激发他争取更大成功的锐志。

果栏的业务范围也更广泛了。

作为中国人，又面对相当多的海外乡亲，大家都对自己国家的产品有一种亲切感。他决计大量进国货，进土产。

山东花生、澳门炮仗、广东糖姜、香港蚝油，还有核桃、荔枝干、土酒、大米、咸鱼、生油……都源源不断进了生安泰。

由于华人的推介，连当地的澳大利亚人，也对核桃、花生、荔枝干之类有很大兴趣，货到之后，竟十分抢手。生意也由零售转为了批发。

为了满足顾客的需要，马应彪还亲自动手，用机器炉试炒花生。

炒花生也是一门手艺，所谓易学难精，但不管怎样，经过一段时间的摸索，他的花生也炒出名来了。“蕉王”之后，他又得到一个“花生王”的美称。

一时间，三家果栏的水果生意、国货土产生意，都名噪一时，影响从悉尼扩大到了墨尔本等地。

马应彪的信誉由此鹊起，生意也为之兴隆，在短短几年间，三家果栏的发展，不可不谓惊人。

信誉是无价之宝。当时在澳大利亚的华人，大都是矿工、园丁、小商、小贩、匠人等等，攒几个钱，都是为了汇到国内，赡养家口。在悉尼，华侨均散居在郊外不同地方，又没有华商银行，华侨要存款汇款，诸多不便。那时，辛勤劳动，挣得几个血汗钱，人好歹有了一点积蓄，总希望找个机会带回国内去。平日，只好在家中挖个地窖，深藏起来，可这实在不方便；万一被外人得知，抢走了、偷走了，全部心血也就完了，所以更不放心。存外国银行，言语不通犹罢，人家对华侨的规定又十分严苛，手续更为烦琐，而且不时又发生排华事件，钱存在人家手上，更是忧心忡忡。这一来，有的华侨就提出，你们有实力，有信誉，我们把钱寄存在你们这里放得下心，我们也不想要什么利息了。华侨们都信得过这三家公司，于是催生出存款、汇款等业务。

先是与人方便，久而久之，马应彪便觉得，不妨自己创立一个金山庄，代华侨存款，并利用进国货土产之便，为华侨汇寄养家的款子，收一点“汇水”，何乐而不为。于是，他便打出了金山庄号，代华人汇兑与存款。

正是信誉，给生安泰带来了又一次大发展的良机。有了存款资金，马应彪可以把它作为公司扩大经营的资本，于是，业务更多，生意愈大。生意愈有信用，存款也就日益增加，形成良性循环。华侨除开汇兑外，家中的余钱多存放在金山庄。这样既方便、安全，还可以得到一点利息。

于是，少则十几英镑，多则几百英镑，虽说零星分散，可悉尼四郊华侨甚众，合起来，数量就可观了。有如此数量的金融资本，也就能投资干更大的实业。

经此数年，马应彪的视野拓宽了许多。也许在当日，他本人尚未完全了解他这些商业活动所具备的历史意义。在国内，由于列强入侵、利权外放，官僚绅商资本已日暮途穷。正是这时，以马应彪为代表的民族资本，在中国逐步上升，开始从根本上改变中国的经济构成，也为辛亥革命提供了坚实的社会基础。有人称他这一“有限责任公司”的创立，给中国带来了一个无烟金矿。其实，这远远不足以概括它的历史意义与经济意义。

第二章　情系中华

游子归国

马应彪1892年回国投石问路，得以结识孙中山先生，开始了他人生的第一华彩乐段。

1892年，马应彪联合教会中人，在香港创设华信庄，每股五元，共集资二万元，专办出入口货物，意在联络华侨信道者发展商业。马应彪任司理（即经理）。1894年，创立永昌泰金山庄。1900年，召澳、美华人与同乡，集资二万五千英镑，在香港创立了第一家百货公司——先施公司，并出任首任司理。

试回顾一下，1880年凭三十五元出洋去当华工，仅十年便于悉尼创永生、永泰两个果栏，仅过两三年，杀了个回马枪，到香港创立华信庄及永昌泰金山庄，又不过十年，便有了先施公司。这历史的轨迹上，又是怎样一个奇妙的回旋？这命运的青睐，又怎么垂于这么一个普通的出洋华工之上？

当日，只立誓赚到二千银元便荣归故里，可今天，却是集资二万五千英镑立大公司。时也？运也？恐不是三言两语可以解释得通的。

关键在于决策。无疑，他的决策——重回故国求得更长足的发展，是完全正确的。在众人出海谋生之际，他却返回自己的家园，这也许是不可思议的，可他偏做出了这样的选择。这也许正是他过人之处。

要做出这样的选择，对任何人来说，都不是一件易事。研究他这一抉择，不能不有更开阔的历史视野，不能不有一定的史识。

1894年，中日甲午战争爆发，北洋海军全军覆灭，洋务派的官商一败涂地，台湾也被日本侵占。

而正是在此后一段时间内，中国的民族资本，开始涌出水面，并逐渐与官商相颉颃。众所周知，官商背后是庞大的封建官僚体制，是如同汪洋大海一般的封建经济；而民商资本，仅仅是浮出水面的若干礁石、小岛，不在意，便会被汹涌的海浪所淹没。但它们的出现，却分明预示了地壳的变动。也就是说，民族资本蕴藏的能量，非表面的礁石与小岛所能代表得了。所以，切不可小看这些小岛与礁石，它们很可能预示着一个新大陆的崛起！

这些，在胡绳的《从鸦片战争到五四运动》等一批研究近代史的著作中，都有着较明确的论断。民族资本虽然还很微弱，但毕竟它是中国社会中从未有过的一种新的生产方式。

根据考证与统计，这些民办实业，有相当一部分是海外归来的华侨投资。以甲午战争为界，战后仅六年，投资总额为战前二十多年的2.3倍。

吴玉章先生曾著《辛亥革命》一书，书中是这么论述的：

> 由于华侨资产阶级在国外受着帝国主义的压迫，与国内封建主义又较少联系，因此它是中国资产阶级中革命性较强的一个阶层，孙中山先生主要地正是代表着它的政治倾向。

研究这一段华侨投资的民营商业，显然是非常重要的。而马应彪的金山庄、先施公司，也正是这时脱颖而出。换句话来说，它正代表了这一不可抗拒的历史潮流。

由此，不难理解马应彪与维新派康、梁的关系，更不难理解他为何奋不顾身地追随孙中山先生了。可以说，他是顺应了历史潮流，回国兴业，成为世纪初的弄潮儿。

以上，仅仅是作一般的分析。而当时做出这种选择的，也不止他一人。对于海外的漂泊者来说，故国的一草一木无不牵挂于心，而故国的命运，更无时无刻不与自身相关。

也许，这更是别无选择。

对于马应彪来说，脚下所踏的，毕竟是别人的土地，加上中国人的传统观念，安土重迁，叶落归根，先期到达的中国人，也不曾在这片新大陆上安营扎寨，生儿育女，扎下根来，而是稍一发迹，便衣锦还乡，光宗耀祖。否则，澳大利亚就将是另外一部历史。

中国人对土地，有着太深的情感。这是世界上其他民族所无法相比的。

马应彪离家之日，便有归来的誓言，因为他也是中国人。中华民族，是一个有根的民族，不是可随波逐流的浮萍。

在海外，他更痛切地感到作为一个中国人所应建树的民族尊严！他从来未曾麻木过自己的一颗中国心！

那是在创立永生公司之后。一日，他在办公室里料理账目，忽听到外面闹哄哄的。

有人在尖叫，有人在狂笑，有人在跺脚，有人却在撕心裂肺地呼喊，而且用的是华语："救命！"整个街道好似要翻过来一样。

出什么事了？马应彪心一阵紧缩，放下手中的账本，三步并作两步，冲出了门外。只见街道两旁站满了人，自然是白人居多，在狂叫乱喊，分外亢奋，显然是被什么刺激了，连眼都红了。有的还在挥拳头："快，快！

再加几鞭！”

马应彪好不容易才挤到了前边。正在这时，一驾马车飞也似的从他跟前驶过，他还来不及问上什么，就看见，马车后面拖着一个人，在地上已拖出一道血印来了。

被拖的正是中国人。再一仔细，他竟发现，这个中国人不是被绳子拖在马车后面的，而是辫子被扎在马车后辕，拖着人头，在马路上疾驰。

只见那人不断往头上伸过手去，试图抓住马车的后辕，可怎么也抓不到，马车跑得太快了。于是，他竟似布袋一样，一边拖，一边以辫子为轴心，在地上或半悬空地打起滚来。

惨不忍睹。可那人每打一个滚，白人便喝一次彩。竟以此为乐，太没人性了！

“停下来，再拖，头皮要扯掉的。”马应彪不顾一切地追了过去，用英文喊。

但马车见有人来追，更加得意了，车上的白人舞了几下鞭子，让车跑得更快，并回敬道：“这人我买下了，我想怎么着就怎么着！你管不着。”

“你这太不人道了……”可这句话，马车主人已经听不到了，只余下或深或浅的印记和不忍直视的血迹。

马应彪追了一阵，站住了，痴痴地看住了地上那屈辱的记号！

有的白人仍追着看热闹。

马应彪兀地回转身来，扬起了拳头，愤怒地喊道：

“你们给我站住！”

白人们给吓呆了。

马应彪双目眦裂，用英文告诉他们：“我们中国人也是人，你们把中国人当人看待，你们就是人。你们如果不把中国人当人看，那我们也一样不把你们当人，只当你们是……番鬼佬！”

他用了一句广东话，又用英文做了解释。

围观的白人被镇住了。

马应彪唇边已咬出了血。他好恨呀，恨白人车主灭绝人性，也恨中国为什么不富强起来，好让自己的子女不再在外边受人欺侮。作为一个中国人，他感到五内俱焚，不可自已。

这在他，已不是第一次了。在这之前，他已经无数次挺身而出，冲到那些用言语和劣行来侮蔑中国人的“鬼佬”跟前，义正辞严地痛斥他们的非人勾当，用的，也是这么一句话：“把中国人当人，你们就是人；不把中国人当人，你们就是鬼！”

这里凝聚着多少民族的自尊，也饱含心酸的斑斑血泪。

他在淘金时，就没少受白人的欺侮，一旦淘出金来，白人就蛮不讲理，说这矿是他们的，把他赶走。在做杂活、打佣时，就更不用说了，连拳打脚踢也都经受过。好不容易自立，办起了公司，仍经常目睹自己的同胞遭受凌辱。

他无法再忍受下去了。中国，得站起来，不可以再趴下。一趴下，脊梁骨上就得挨别人踩！

事后，马应彪打发公司里的伙计去打听那名辫子被系在马车后拖出好几里地的华人的情况。

伙计去了半天才回来。回来后，一声不响。

“怎么啦？”

问急了，伙计才说：“他死了，肋骨断了几根，头皮也揭了，手也折了，解下来已断了气。家里人已把他认领回去，埋了。”

在澳大利亚，一个接一个的排华浪潮接连不断，当局制定了一系列限制华人的措施。尤其是 1888 年 6 月 12 日至 14 日，大洋洲第二次洲际会议在悉尼举行，会议通过了更为严格的限制华人的议案。

根据这个议案，连华人跨州迁移，都必须先获得批准才行。这无疑把每个州“画地为牢”，把中国人当作囚犯。后来，种族主义者更提出了什么“雪白的澳洲”“澳洲人的澳洲”等口号，推行“白澳政策”，最早到达澳大利亚的中国人也就更无立足之地了。

但华人的生命力之强，也是他们所未可预料的。也正是在如此艰难的环境中，永生等公司发展起来了，与马家成为姻亲的郭家，也随着兴盛起来。他们的资本，也渐渐向国内转移，对振兴民族工商业，起到了重大的作用。马应彪与同仁们都不约而同地感到，振兴中华的责任，同样落在他们这些海外游子的身上，而且分量更重。

民族的尊严，如烈火一般在他们心头熊熊燃烧。

一天，有一个伙计无意中在包装里取出一张来自新西兰的旧报纸，看了几行，竟不忍卒读，送到了马应彪面前：“看，那里更不把中国人当人。”

马应彪接过去，仔细一看，是那里的一份《见证人报》，已经有好些年头，发黄、破烂不堪了。但那篇报道却仍大致可读出来。

那里同澳大利亚差不多，中国人几乎毫无例外地被称为“中国佬”“天朝人”“中国苦力”“约翰尼”什么的。

这则报道，讲到一个叫那斯比的地方，刚刚去了一个中国人，由于他的长辫、长褂，也被视作怪物，不少白人围而观之，用粗言俚语去戏弄他、侮辱他。而他是去找工做的，言语不通，只好赔上笑脸。

正在这时，一群喝得烂醉的白人——其实，他们的出身更不干净，大都是流放充军到这里的海盗及其后人，见大家都在捉弄这个中国人，也就来了兴致，挖空心思要来虐待他。

这个扑了上前，三下五除二，把那怪模怪样的长褂撕了下来，又把内衣也扯掉了，将他剥了个精光。那个从腰间拔出刀来，一把揪住那个中国人的辫子，使劲地往下割，直割得他尖叫起来，就这么把辫子给割断了，引起了一阵哄笑。

末了，不知哪个恶作剧地推来了一个大木桶。那群酒鬼一齐起哄，把已经吓得魂不附体的中国人抬了起来，硬是头朝下地塞进了木桶里。随即，把木桶推倒，就在大街上推着，滚来滚去，只见一黄色的光腿在外边乱踢，一边滚，一边大叫。看呀，中国人是这样走路的！以此取乐，逗得满街人发笑。

醉鬼们把这装人的桶，就这么从一条街推到另一条街。

这份报纸最后是这么描绘的：警察把他接管过来的时候，这个中国人已经吓成一个神志不清的人。他从此整天迷迷惘惘四处徘徊，似乎永远在寻找他的中国亲人。

读到这里，马应彪的眼泪再也忍不住了，夺眶而出。这就是我们的同胞！我们血脉相连的骨肉兄弟呀！

尽管白人中已经有了有识之士，认为中国不会永远软弱下去，总有一天会觉醒起来，对他们应当采取理性的态度，但是几十年以来并没有人听进去。

随着排华浪潮一浪高过一浪，华人的日子愈见艰难。1856 年 7 月 1 日至 1857 年 6 月 30 日一年间，由于中国淘金人的勤奋，从新金山运往中国的黄金，达到了 111903 盎司，合当时价值 50 万英镑，虽然白人从此地运往欧洲的，远远超过这个数字，但这仍引起了白人的妒忌，酿出了惨祸。这一年的 7 月，在巴克兰矿区，有 500 名白人成群结队攻击中国人，烧中国人房子，抢中国人财物，甚至残忍地殴打中国人。最后，有三个华工，竟被活活地打死，数十名华工负了重伤，财产损失近万英镑。最后，当局派兵维持秩序，这一惨祸才告终止。接着，1860 年 12 月，又爆发了“兰滨滩事件”，白人抢劫闹事延续达十个月，数千华人在光天化日下被抢劫一空，房屋被焚不计其数，死伤惨重。

而今，悉尼的华人果栏、公司，几经风雨，再度发达兴旺起来，可是，又有谁担保，哪一天不再出现烧杀抢掠呢?

这毕竟不是自己的土地，不可久恋。祖国，需要游子们归去，使她强盛起来，好给海外的亲人撑腰。

这是几千年绵延不息的呼唤。一个民族的呼唤!

应当说，这该是马应彪回国办实业最大的动机，也是最坚实的思想基础。在这样的基础上，选择，是无可回避的。

慧眼独具

爱国心，民族志，这是马应彪和众多华侨之所以不在当地谋求资金的出路，而愿再涉重洋回国投资的根本原因。

中国快快富强起来——一个多世纪以来，直至今天，旅外侨胞的呼声一天比一天高。身为中国人，在异邦受到的欺凌压迫，是几十几百本书也写不尽的。

而华侨的资金，当时在澳大利亚也找不到出路。除开前边提到的种种无理限制之外，当局也从经济上打击华侨的事业。应当说，中国人对澳大利亚的开发是立了奇勋的。他们披荆斩棘，含辛茹苦，艰难创业，惨淡经营，节衣缩食，对澳大利亚经济的起步，有着不可低估的历史贡献。

但是，在政治上、经济上，包括人身权利上，他们却遭到种种剥夺。

白人可以在澳大利亚购地、置产，可中国侨民却连一寸地也不给置。白人租借蕉园，十年，几十年，几乎不受限制；华侨只能租三年五年，延期还会遭到种种刁难与盘剥。

不少华侨的经营，如昙花一现，没多少日子便被搞垮了。最后，仅剩下永生等几家果栏还像个样子，但规模也无法与白人的企业相比，虽然澳大利亚华人已有十万之多。

为了生存，为了发展，马应彪更要把目光投向国内。何况自己的生意往来、主要顾客，都是华侨。这也就在一定意义上决定了马应彪的创业路线，与华侨的踪迹密切相关。

从香港，到新加坡，再到悉尼，这万里海路，曾经往返过多少炎黄子孙？成千上万，成千上万。这海路上，有华人的泪，华人的血。这海路上，更有华人忍辱负重的心！这水路，为华侨运进大批国货土产，带回华工们用鲜血与生命换取的钱币。面对这既熟悉又总是危机四伏的水路，马应彪每每陷入深思。

甲午战争前后，民族情绪的高潮，呼唤着华侨归来振兴自己的祖国；而这万里海路，也分明勾勒出一条事业发展的路线。

只有重返香港。对，香港，南中国的商业都市。在那里，清朝的势力受到了遏制，但又毕竟是中国人聚居的地方，是广东、福建等省华侨出国谋生的必经之地。在那里，各类为华侨服务的机构纷纷设立，如办理华侨出入境手续，代办船票、食宿的金山庄；提供住宿的客栈；承办华侨与国内亲人通信与汇款的通信局，等等。

这些业务，马应彪也经办过。但马应彪独具慧眼之处却是，每次到香港，他均发现，那些为出国华侨与国内侨眷置备小商品、杂货的店铺日趋增多。虽然大多数是自生自灭，甚至没几天便换了招牌，但总趋势却在增加。

他常常走进这些店铺或摊档，打听行情。

“这些小商品好销吗？”

“好销，有时还脱销。都是日常用品，不贵，随手就可以带上。”

小商还以为他也是准备置货的南洋客呢。

他经常走到港口。只见香港的港口，较之内地，要繁忙多了，几乎所有熟知的国家，英国、法国、美国、西班牙、葡萄牙等国的航船，都在这里出现，一打听，便知它们往返于澳大利亚、马来亚，还有缅甸、泰国、印度各大港口。

船上，大都是欧美运往远东贸易的商品，或上日本，或去上海。总之，都从香港转口到各地，商业往返甚旺。

香港人口也在增加，需要来自各地的商品。无疑，这是东亚一大商埠，在此经营商业，可以耳听八方，眼观六路，牵动三江，遥控大洋，发展无可限量。

在香港创办永昌泰金山庄之后几年，一个恢宏的创业计划在心头逐渐成熟：地域路线——以香港为中心，打造海外华人与海内侨眷的接合部；创业路线——以商立业，走经营相当规模的小百货之路。

古语云，十年格物，一朝物格。马应彪自1880年赴澳大利亚淘金，1890年创永生公司，1900年成立先施公司，每个周期恰好都是十年，正应了这一古语。可十年辛苦不寻常，寸寸节节皆心血。

在港期间，马应彪一度被聘为东亚织造公司的推销员，由于他勤奋好学，又精明能干，这个公司的主脑黄炳慧眼识英豪，曾说，别看他今日是小伙计，实乃千里马，前途未可限量。

他果然没看错。不久，马应彪便自立门户，在商界大展鸿图。但一个想法产生出来，要付诸实践，却并不那么简单。

透过永昌泰金山庄经营的进出口业务，马应彪看到了经营百货业的前途。

但是，当时在香港，大都是小商小贩，摆脱不了农村趁圩的陋习——讨价还价，以占小利而沾沾自喜。卖者漫天要价，买者落地还钱。几千年如此，已被视作天经地义了，要不，何来古语“无商不奸”呢？旧时商人备受歧视，固然有传统的“重义轻利”的因素，但更是生产方式与经营方式之落后所决定的。所以，哪怕不是小商小贩，经营起来，仍是沿袭这一古老而又落后的习惯。

别说外国人问个价不耐烦就走掉了，就是中国人自身，讨价还价，不仅浪费了时间，而且错过了许多成交的机会。所以，要发达起来，竟似小脚女人一样，迈不开大步。

在澳大利亚目睹过先进的经营方式，与香港一比，马应彪感到，非变革不可。不变，中国要富，更没门。于是，自 1896 年以来，他多次向各方倡议：组织一家不二价的百货公司，开规模经营的先例，开新经营之先例！但响应者寥寥。

甚至有人劝他：何必如此标新立异，大家都这么经营惯了，你来新一套，弄不好群起而攻之，闹个身败名裂下不来台。

这还是好意。背后说三道四的，就更难听了。

“你标不二价，人家的生意怎么做？不砸了你才怪。”

“鬼佬的一套，中国人不吃。”

“想断别人的财路，小心你自己走路！”

后来，马应彪回忆起这段，仍不无伤心地用上这么一句：竟无一友好的支持。连朋友都为之疏远。但他深信自己所坚持的是正确的，一定能够闯出一条生路来，开创中国商业的新纪元。于是，对国内的朋友，他反复解说，力排众议，让他们充分理解个中的意义。海外的至交，因能近距离接触、观察，对不二价的好处有直观的感受，马应彪便让他们帮着一同去说服大家。

皇天不负苦心人，几年下来，屡提屡败，他都不气馁，照旧充满了信心。终于，到了1899年，二十世纪近在咫尺之际，他的苦口婆心，终于得到了回应。自然，回应大都来自海外的至交。而他，也正是看中了他们观念变了，且有一定的财力！

而这一年，距离百日维新不过一年。无论如何，这两个时间，不可能不存在紧密的关系。民族危亡之感，是维新之动力。维新之失败，则更加深了这一危亡之感。只要你是一个清醒的中国人，就不能不对此有所回应。马应彪回应的便是一个先施公司——在中国由华人首创的第一家百货公司，而且是不二价的百货公司。

他心中，始终有澳大利亚所见的一株大树，那屹立在山冈上的大树，还有那商店上面的广告语："由一针至一锚，大小俱备。"

第三章　力挽狂澜

创立先施公司

百日维新，朝野震动。身历其事的罗振玉后来回忆说："至戊戌春康君入都，变法之事，遂如春雷之启蛰。海上志士，欢声雷动，虽谨厚者亦如饮狂药。"

不难想象当日马应彪之振奋。这些年来，由澳大利亚到香港，他深受西方影响。而康梁变法，又促成光绪皇帝颁发了一系列行新政的诏书。

诏书中关于经济方面的内容有：提倡实业，设立农工商总局和矿务铁路总局，兴办农会与商会，鼓励商办铁路、矿务，奖励实业方面的发明，创办国家银行，等等。这对于广大有识之士，包括艰难创业的华侨，都是极大的激励。一直在中国遭到贬抑、地位卑微的商人，亦希望借此改善地位。著写《革命军》的邹容，就曾在书中大声疾呼：

> 外国之富商大贾，皆为议员执政权，而中国则贬之曰末务，卑之曰市井，贱之曰市侩，不得与士大夫伍。乃一旦偿兵费赔教案，甚至供玩好，养国蠹者，皆莫不取之于商人。若者有捐，若者有税，若者加以洋关而又抽以厘金，若者抽以厘金又加以洋关，震之以报效国家之名，诱之虚衔封典之荣，公其词曰派，美其名曰劝，实则剥吾同胞之肤，收吾同胞之髓。

唯愿当日加在民商头上的种种盘剥，能借助变法之风，扫荡殆尽。然而，百日维新，仅百日已。谭嗣同六志士，“我自横刀向天笑”，伏尸菜市场，康、梁仓皇出逃，光绪皇帝自己也被幽囚于中南海的瀛台。

历史宣布了，在中国，变法已经不行了，唯有革命。而革命角色的担任者，自然已不是康梁了。他们，才是真正的历史主角，康梁仅仅拉开一道帷幕罢了。

百日维新失败之后的第二年，马应彪着手发起组织中国的第一家百货公司。这次，他主要是面向澳大利亚的华侨，尤其是曾在悉尼共同拼搏的同仁。在海外，华侨的民族危亡感，比躲在国内深宫大宅内的皇亲国戚要强烈得多。他召来了那里的众多知交：蔡兴、马永灿、郭标、欧彬、司徒伯长、马祖容。

在美洲，他召来了郑干生。在香山县老家，召来了林敏良、李月林、王广昌、黄在朝。连同他本人在内，一共十二人。

他的倡议，这些人早些年已有所了解。

马应彪申述了自己的意图：“这里，凡到过澳大利亚，去过悉尼的，都一定有这么一个印象。那里，有一家公司，是以大树为商标的，上面题有一句名言，为‘我生存一日，则成长一日’。我想，到今天，那株大树仍一直屹立在原地，历尽风霜，百折不挠。我一直在揣摩这商标的用意。可以说，它是给顾客一种信誉的保证，一种信心的保证。这家公司，叫安东尼·贺顿父子公司，经营的正是百货业。这家澳大利亚百货公司的鼻祖，是以诚实不欺、货价不二而立业的。”

在座的澳大利亚华侨都点了头，证实有这么回事。

马应彪继续说：“如今，国家危难，变法受挫，何以救亡？我们兴办中国人自己的实业，也是在危亡中捐献微薄。海外数载，君不闻，英伦正是以商立国，日臻富强。货畅其流，方能刺激货源不竭，西人正是深得其中的奥秘。所以，无论英、美，大商贾均在议会上有一席之地，当可主宰国运，商人是国家的顶梁柱。应当说，人家的商人，同我们过去叫的商人，是两回事。人家干的是大事，有大气派，标不二价，不仅是诚实不欺，而且证明有大度，不在乎蝇头小利，不屑于斤斤计较。其中含义，不点自明。但在今日中国，却还不被人接受。意欲富强，不更新我们的认识与思想，也就是一句空话。不靠新的方式办商业，商业无从兴盛，就更不用提商业救国，从洋人手中夺回利权了。”

来人均为之感叹，是这样的道理。

马应彪亦谈了自己的切身感受：“如今，香港商界流行的买卖方法，实在令人不满。货物没有固定的市价，买者卖者，讨价还价，本来很好的生意，立时可以成交，到头来，反而做不成，既浪费了时间，又误了大事，此风非改不可。比起我刚才提到的贺顿父子公司，搜罗万有，明码实价，以信示人，以信立业，实在是太落后了。所以，公司既立，须以诚信先施于人，方是成大事的开始。所以，我召大家前来商讨，正是为的成立这么一个百货公司，开中国不二价之先河，无信不立，不知诸位意见如何？”来人中，大都点头称是。也有的仍表示疑虑，最后都表示：不妨试试。

马应彪很是兴奋，有了大家的支持，大展鸿图有望。他顺势提出：“既然大家愿意入股，我们共同商讨下这个百货公司的名称，好不好？”

大家赞成。然而说了几个名字，都不怎么如意。马应彪已心中有数，他提议：我觉得，起名“先施”好。

“先施为何意？可是洋文？”有人这么问。

“说是洋文亦可，英文中有 sincere一词，其意义为诚实、真挚。我们对顾客，理所当然以诚相待，以诚广示四方，方纳四方之客。不过，先施写成中文，更有典出之处，乃出自《中庸》。盖营业之道，首贵乎诚实，倘未能先以诚施之于人，断难得人信任。”

马应彪说得头头是道，令众人心悦诚服。“太好了，就用这个名字。”“先施以诚，不愁事业不兴，好名字，好名字！”

马应彪兴奋道，“那就敲定了，如同贺顿父子公司的大树一样，我们也把这格言写在自己的标牌上，诚招天下客！”

于是，众股东一共出资25000元，成立了香港第一家百货公司，命名为“先施公司”。这也是中华大地上第一家由华人创办的现代百货公司。众股东看中了香港皇后大道中172号的铺位。在铺位的两侧，不再写中国老式的对联与贺词，而是“先施公司始创不二价”。

为了取信于人，显示公司实力雄厚，股东们不惜斥巨资二万——占全部股金的80%，来装修店铺。

这一连二间的老铺，经过几个月的苦心装修，顿时耳目一新，用当日的眼光来看，可谓金碧辉煌，用的均是当时香港上好的物料。远远看去，便被它的气派镇住，欲一睹为快。一走近，只见橱窗内琳琅满目，一应俱全。

门前中柱上，则有商品的名目，让人一目了然。

过去，经营小百货的，只有小店铺，由于铺面狭窄，所称“百货”，实际上并没有多少样。顾客要买齐物品，须到多家店铺。可先施公司一开，所需货品应有尽有，极大方便了顾客。

几经筹划，马应彪为装修、为张罗货物，里里外外，忙个不亦乐乎。终于，门面装修好了，货物也张罗齐了，该选个黄道吉日开张了。

须推举一名司理，一名副司理。

马应彪是创立者，且入了大股，为开张更是出了大力，众望所归，被众股东一致推举为司理。邑人李月林，被推举为副司理。

一切准备就绪。1900年1月8日，鞭炮声响彻皇后大道中。众多贺仪，几乎堵塞了过道，众多同仁，从四面八方涌来，表示祝贺。数以千计的顾客，闻讯而来，争先恐后。公司内楼梯拐角处，还装上了哈哈镜，引人发笑，更加吸引顾客。

香港第一家百货公司宣布诞生！

中国第一家由华人创办的百货公司就这么成立了，而中国第一家不二价的公司，也在此起步。

司理马应彪、副司理李月林与众股东，均在门口迎送客人，一个个笑容可掬，亦扬眉吐气，雄心勃勃。

一个新的世纪开始了。

有人可能会说，在中国古代，早有“不二价”的先例。如在周代，一天三市，督管者核定价格后才准开始做买卖；在汉代，药贩韩康在长安市上坚持“不二价”三十年而名闻天下。但是，其立足点，是准衡于宗法制度下的“德治”，而不是现代社会的立法，更不是现代的取信于人。况且在漫长的历史长河中，这一做法很快便被淹没了，“无商不奸”反而成了天经地义。此外，现代的规模经营，也是过去小本买卖所无法相比的。所以，称为开现代百货业之先河，绝不为过。

先施开业，是香港的一桩大事，媒体报道不少。这里，特摘下有关记载：

此店分两门面，一向大道中（指皇后大道），一从二楼通出威灵顿街。门面两旁，均嵌以玻璃饰柜；店内两旁，皆设长桌，为沽货收银之用，中悬大镜。楼上楼下，皆陈列货品。斯时雇用之伙友仅二十五名，皆乡间之男女青年，聊作商务之实地练习。各伙年虽幼稚，而招待顾客，彬彬有礼，买卖货品，应付精灵。陈列则井井有条，收支则丝毫无误，诚出意料之外。然社会一般人士，皆诧公司为新奇无匹，而窃议其为不永年之商店，更实繁有徒矣。

议论是一回事，但困难亦不少。根据先施公司的资料：

但斯时有一困难问题，则为聘用助理人才。如买卖货品、出纳、财政等职，老于洋货业务者，皆不应征。推求其故，则以本公司别开生面，各货店皆按货论价，而本公司则实价不二。各店皆在楼下陈设门沽，而本公司楼上皆作货场。各店交货，收银便完手续，而本公司则无论沽物多寡，必发收据。且本公司提倡女子职业，兼雇用女售货员。种种设施，皆华人商店所未经见者。故老于洋货者，咸谓本公司虽出世，而措施殊不容易，以是之故，不肯俯就范围。

其实，开业时的这些困难，包括种种议论，较之第一年内遇到的非难乃至天灾，都可以忽略。

创业维艰

大的波折，至少有三。

二十世纪初的香港，虽然不似内地封闭，但毕竟中国人为主，传统与积习，根深蒂固。“男主外，女主内”便是其一。至今，称丈夫为外子、妻子为内子的，仍大有人在。女子便要遵循“三从四德”，尤其是“闺德”，别说抛头露面，连“话莫高声，笑莫露齿”，都有严苛的规范。因此，马应彪试图在社会上招聘女售货员，哪有人敢应聘呢？

末了，马应彪夫人霍庆棠，挺身而出，毅然出任先施公司女售货员，并带动两个小妹一起站柜台。在中国人的圈子里，率先冲出了闺房、厨房，勇气令人钦佩。

可也不易，更不会一帆风顺。

谁也没料到，先施公司聘用女售货员，比公司开业更成为轰动性新闻。一传十，十传百，好事者便从四面八方拥来。顿时，二楼拥挤不堪。来者的心态，自然是各有不同，有好奇者，有好女色者，有趁机滋事的。结果你推我，我推你，口出粗言鄙语，闹得不可开交，甚至有拳脚相向者，生意竟因此做不下去。公司只好通知华民司。华民司派出更练——也就相当于今天的保安，去维持秩序。但是，几名更练，又如何驱逐得开水泄不通的人群？一点作用也起不了。

公司开业，因女售货员惹起了如此轩然大波，封建卫道士们就更加振振有词了。

“这还得了，世风日下，大街上都卖起了色相！”

“吾中华乃五千年之礼仪之邦，岂可如此败坏！”

连华民司出于维持秩序的需要，亦认为先施公司未可造次。

其实，外国百货商店，早已有雇用女售货员的先例，只是守旧的中国，却认为这有伤风化、大逆不道，实为可叹。

迫于各方面的压力，先施公司一度没让女售货员出面，但马应彪仍坚持自己的主张，并采取了一些灵活措施。开始，每隔三五天，让女售货员上一次柜台，而后缩短为一两天，由稀而密，由断而续，让市民逐渐适应，也让好事者不时扑空。

这一变革，竟使先施公司客似云来。暂时的挫折，却引来了长久的兴旺，先施公司生意大增，渡过了第一个难关，也为社会风气的开化，立下了奇功。马应彪夫人的功绩亦不可没。

如果说，第一个风波来自于外面，那么，第二次风波，却是从内部爆发出来的。堡垒怕的就是从内部攻破。

原来，马应彪、李月林都是基督徒，所以有“讲教马，耶稣李”之称。每逢星期日，先施公司的职员们无须上班，而是上礼拜堂，由马应彪亲自宣讲教义。这引起几名股东不满，他们纷纷责难：

“好好的一天，放着生意不做，有钱不赚，这不白白花费了时间，能是经商的正道吗？这么下去，发不起来的。”

“用那么些女售货员，社会上闲言杂语不说，这些女子，从未有做买卖的阅历与经验，一出岔，连本都赔上了，哪有男的行？”

“不如早日收盘，多少还可以收回一些股资，再拖下去，只怕会把黄金抛进大海里，捞都捞不回了。”

一时间，人心动摇。此时，开业仅一个月，而且是春节刚过没几天，公司里的生意正忙个不可开交。终于有股东打上门来。

“你这位司理如此搞下去，我们都会被你坑了，到头来，连老本都会蚀光，不如及早抽身。”

马应彪一惊，追问：“你这是什么意思？”

“很明白，我们不能再绑在一起沉到底，退股。”

“退股？”

“是的。”

马应彪强压下内心的气愤，仍和颜悦色地说：“你们不要听信外面的风言风语，还是实地了解一下公司的生意如何，再作结论，行不行？”他耐心地引上这位股东，在公司上下巡视，又进账房，把这一个月内的收支说给对方听，以证明公司前途无量。

“可周日不开工，有钱不赚，去宣讲教义，这算什么？”

“我也是为员工提高素质着想，教他们博爱为怀、诚心待客，为公司建立信誉。在商场上，信誉比金钱更是资本。”

“恐怕没这么简单。”

“又怎么啦？”

“已有人说，你这是煽动革命，要掉脑袋的。”

马应彪一怔，说：“你我都是中国人，中国今天如何，心知肚明。其实，我们兴商，也是为了强国，从瓜分掠夺中国的列强争回权利。这，也与革命差不多。”

股东说：“我们还是在商言商，何必担那么多风险，惹那么些不测。”苦口婆心，还是未能说服对方。万般无奈，只好召开股东会议。几名股东即时提出动议，要求早日收盘，收回部分股资。

马应彪终于按捺不住，奋臂而起：“那好，我们既然在商言商，那我这就重申在商的规矩。古云，一言既出，驷马难追。一言亦得讲信用。今天，更是重信约，诸位为兴建公司，均一道签了合约的。纸写笔载，都是认账的。可记得当中有一条？”

“一条什么？”

马应彪早有准备，取出合约交众传阅。“上面有一条，写得清清楚楚，就是不得中途变卦。如今开业才一个月，怎么能说变就变呢？”面对合约，提出动议的股东无话可说，动议就此被搁置。先施公司渡过了第二道难关。

但是，第三大难关——天灾，却非同小可！

头两个难关，都是短短一月内发生的，也很快就过去了。先施公司的生意日见兴隆。尤其是以诚待客，更招揽了南来北往的华侨与侨眷，盈利日见上升。

香港也习惯了女售货员，滋事者也不敢来胡闹了。先施公司的名声也打出去了。就这么蒸蒸日上半年多光阴。

正当众人以为不会有什么变异之际，没料天公不作美，竟作一大祟，以致祸延数年之久，使先施公司再度陷入绝境。

是年八月，台风袭港，天气之闷热，竟是前所未有。眨眼间，便是狂风大作，飞沙走石；随即，暴雨倾盆。小小一个香港岛，在风涛中就似即可倾覆的一叶小舟。

台风把大树连根拔起，将不少招牌刮到半空之中，扔出几里地之外，砸个粉碎。海堤上，白浪滔天，把卷进水中的物件，揉成了豆腐渣一般。

又一阵台风扫来。“轰”的一声，是邻近的店子倒塌了。呼天抢地的惨叫声，戛然而止。

先施公司有三层楼，在台风中也岌岌可危。众员工齐心协力，把店内的衣架货柜叠立起来，以支撑住楼墙。

此时，先施公司外面尚有一群烟友在吞云吐雾，就靠在墙外。墙已在风中摇晃，劝他们离开，他们却烟瘾大发，怎么也不肯走。

又一阵台风刮来，衣架货柜也顶不住了，墙体纷纷摇晃起来，灰泥滚滚而下，想争取更长的时间已不可能了。

众员工赶紧下撤。墙外吸烟的瘾君子，仍力劝不走，最终是自食其果，丧生于台风之中，发出一阵阵惨叫。

先施公司的职员只来得及走下一楼，也同样听到一声巨响，就在头上，接着，便是一阵阵断裂、坍塌的声音。

仅片刻间，三楼办公间，二楼售货厅，全数倒塌。万幸的是，倒塌之际，楼上的人都走了下来，没有受伤。

然后，只听见楼上一片碎响。花费上万元的装修，就此在台风中化作废墟。

玻璃粉碎，门面坍塌，陶瓷之类发出痛苦的呻吟声，器皿与柜台传出“吱呀”的挤压声，加上头顶上一阵比一阵更为凄厉、凛冽的风声，整个先施公司，就似在狂涛中即将倾覆的船只一般。

这种场面，让马应彪想起了当年由香港乘船到澳大利亚投奔父亲、由澳大利亚乘船到斐济采购香蕉的遭遇。那时，他们也遇到过船只倾覆的危险，所幸最后有惊无险。

“轰隆”一声，只见一楼顶板晃动了两下，有人尖叫了起来。马应彪的心都提到嗓子眼了。还好，一楼没再塌下来。

台风肆虐了十几个小时，好不容易才卷着黑云与暴雨远去了。马应彪立即清点职员：“有没有人伤着？”

互相看了看，回答：“没有。”

马应彪当机立断：尽可能挖出货品来，但要保证安全，绝对不能伤人。

他心疼呀。开头一两个月，克服了内外的压力与动摇，营业逐步走上正轨。半年来，眼看就兴旺起来了，可这一砸，砸掉了一大半的家当，而这不是几个月能恢复得过来的。往后的生意，该怎么做?

他带头往废墟里去扒尚算完整的货物，连指甲都扒掉了，鲜血一滴一滴地淌了下来。

大家见司理如此落力，也更加抓紧，扒出一件是一件。然而，能挽回的，毕竟微乎其微。全部损失估量下来，众股东的脸都发黑了，一声不吭。

“这样吧，我们一面筹划修建原楼，一面将二楼的匹头货品，迁至别处，先购买铺位出售，生意无论如何不可停下来，一停，连本也收不回了。”马应彪分析了种种利弊，提出了自己的方案。

很快，先施公司便在永安街购置了一间店铺，把原二楼的业务转移过去。但先施公司出师不利，大大地影响了士气，股值一跌再跌。不少股东，就更为沮丧，认为前途渺茫，至少几年内别再指望分什么股息了。

没料这时，香港刚公布的修行建筑新例，更是雪上加霜，几欲置先施公司于死地。按照新例，闹市区的铺屋，“须留通天”，以保证闹市区的空间。依此，先施公司只准保留第一层，二楼三楼不得修复。

无形中，台风竟剥夺了先施公司再发展的权利。塌了就塌了，不可以重修，两层楼也就不允许再有了。对于一家百货公司，失去了一半营业场地与整个办公楼层，未免太可怕了。

本来，还指望尽快修复二、三层楼，重新投入营业，以挽回损失，现在，不仅把过去损失了，连未来也给断送了。

“先施公司不再有前途，不如收盘吧，拿回三分之一的本好了。”

“没了两层楼，生意再怎么做也挽不回了，何必捆在一起沉下去，不如放大家一条生路，退股吧。”

对于担任司理的马应彪来说，可谓千钧重压了：生意大受影响，损失惨重，非近期内可挽回；股东要求收盘，釜底抽薪，无疑更是断送一切。撤吧，损失不消说，一番事业，便由此付诸东流。不撤，能顶得住吗?

马应彪以商界中罕见的气魄，迎难而上，力挽狂澜，硬撑先施公司不倒!

深夜，他在灯下，反复研究港英政府所颁布的建筑新例，试图找出对策。终于，他想到了一个人。这人是与自己交往多时的一名西人，平日颇讲信义，与港英政府有关部门亦关系不浅。此人说话，可以起一定作用。

但他深知，光有人疏通，而没有依据，也是打不开局面的。

他推开门，走到街上，来回踱步，苦思冥想。兀地，他抬起了头，看住铺位的上方。

对，整个公司，铺内仅长12米，在市区中就算很窄了，而公司前后，本就直通街面。所以，不能用“新例”来制约它，因为用不着在两街都通的地方，留什么“通天”嘛。

想到这，心里一亮。第二天一早，他便出了门，直奔那西人的处所。

他叫斯冉·鲍玛丹纳。

斯冉听罢他的困境，又了解到“新例”对先施公司可能的制约，倒也非常痛快，答应去有关部门斡旋。得了这个承诺，马应彪松了一口气，又马不停蹄地赶回公司，给在公司等候的股东们报信。

“如果斯冉斡旋成功，二、三楼重建，生意很快就可以恢复，各位也就不至于只收回部分股金，亏掉大半了。”马应彪劝说道。

股东们得到这个许诺，也就不作声了，准备再看一段时间。

但马应彪自己也没料到，斯冉的斡旋，竟长达两年之久。也就是说，两年之内，竟未能动工去修复二、三层楼。

内中的曲折、反复、屈辱、折腾，恐非笔墨所能形容。这两年，马应彪度日如年。股东不时来追问，他又要跑港英政府有关部门。公司里的同事，大都少不更事，每每须他亲自操劳。

这两年的生意，连本也保不住。直到第三年，修复旧址的报告，终于批复下来，允许重建。自然，又需一大笔钱。对于一个新成立的公司，短短几个月便遭数次挫折，能维持下来，实是奇迹了。显然，头这几年，股息是分文没有。

这里，一边勉力修复，那边，股值一泻千里。股友又一次提出立即收盘，再跌，股票不如草纸了。

马应彪咬牙坚持：不能收盘，现在已挺过了最艰难的日子，岂可前功尽弃。

修复工程也不顺利，一时材料出问题，一时资金周转不过来。花了整整一年时间，旧铺的重建才算最后完成。而永安街来年的生意，又翻了两番。先施公司至此，才算起死回生。

经过修复，公司的规模得到扩大。虽说投入不菲，可建成之后，正如他所料，客似云来，生意大旺。

1904年，先施公司成立第四年，派出了第一份红利给股东。

皆大欢喜。后写志者，是这么记载的：

> 咸大喜慰，前时主张收束之议者，此时亦变为鼓吹进行之人。此可见宗旨坚定，毅力奋斗，终有苦尽甘来之日。倘使马君亦从收束之议，则“先施”二字，早已消灭矣。

1904年，可谓先施公司命运转折的一年。经历了三年多的磨难，现在，它终于挣脱了重重束缚与压力，克服了道道难关与危机，准备振翼高飞了。

中国的民族资本，顽强地显示了它不可抑制的生机。先施公司从此蒸蒸日上，奠定下百年大业的坚实基础。

1906年，先施公司稍见景气的一个年份，来自广东的消息，又叫马应彪心焦如焚。

只见一批又一批的难民，涌入香港，他们面黄肌瘦，不成人形。有的拖家带口，沿街乞讨；有的倒毙码头，不复起身……原来，是广东西江发了大水，沿江大堤崩决，数以百万计的良田被淹，不少城镇都泡在洪水中，饿殍都随江水漂到了珠江口水面。

消息传来，仍有数十万灾民困在大水之中，等候救援。

马应彪在码头走了一遭，不由得联想起当年父亲被“卖猪仔”到澳大利亚的惨状，想起自己天未亮，沿路去拾猪粪卖钱的艰难岁月……心头一阵阵地绞痛。

不能坐视不管。回到公司，他便提出：“西江大水，惨不忍睹，我们作为中国人，不可作壁上观。我以为，我们公司应当尽一份力，为灾区送去衣物粮食，救人于危难之中。”

个别职员提出了异议，说公司刚刚恢复元气不久，资金尚未宽裕，是否表示个态度就行。

“不行，爱国爱乡之心，不可有半点含糊，不仅出钱，而且要出大力，我要亲自率众去救援灾民。”马应彪一锤定音。

几天之内，大批救援物资准备到位，须好几条船才装得下。马应彪奔走于驻港的清廷机构中，要求他们派船，把物资直接送到灾区。

“何必如此操劳，你们把买这些救援物资所用的钱，交由朝廷统一调拨，岂不轻松得多？”清廷的官员竟这么说。

后来，地方官员虽勉强答应派船接应，可马应彪左等右等，一天又一天过去了，灾民在水深火热之中，船只却仍不见踪影。

马应彪愤怒了：“太腐败，太无能了，为中饱私囊，竟见死不救！这样腐败的政府，不垮台真是天也瞎了眼！”他只好亲自出马，去找港督。

先施公司名气日大，港督自然知道这位商界的杰出人士。纵然是殖民者，可也得讲人道笼络人心，马应彪一说要去救灾，他便很痛快答应下来，同意免费借用船只运送救灾物资，船上的水手，也不用先施公司付工钱。

马应彪立即领公司职员，雇车把衣物、粮食运上了码头。末了，他亲自跳上其中一艘船，带领职员及水手，出发了。

船只溯珠江而上，直奔西江。只见茫茫黄汤，树梢、屋顶浮在洪水中，不少灾民已奄奄一息。船开了过去，接上了人。

马应彪赶紧把衣服送上，紧紧裹起，而后，又上船舱，亲自舀上一大碗粥，给灾民捧上。

“喝吧，暖暖身子……”话未落音，他泪水已忍不住淌了下来，落在了碗里。他想到自己在澳大利亚淘金的悲惨日子。

就这样，在几天之内，三艘船，往返多次，全是运送先施公司给灾区的救援物资。马应彪身体力行，夜以继日，为解救灾民而奔走着。

中国，你太穷了，政府腐败，人民受难，何以终日？他更坚定了实业救国的志向。

德辅道中开新铺

从 1904 年至 1907 年，先施公司元气复苏，生意越做越好，盈利更月超一月，年超一年。无疑，香港人不仅接受了“不二价”的销售方式，而且对此深为推崇，视之为“新商业”——信誉是经商的保证，无信不立，正是新商业精神的核心。

无疑，这也是中国商业一次脱胎换骨的革命，它的意义，并不亚于一次武装的革命。过去，小农经济的以物易物，圩市上的讨价还价，为蝇头小利而心劳日拙，以至造成“无商不奸”的积弊恶习，不可不谓根深蒂固。要革除，决非一日之功，却需要勇者“为天下先”！

先施公司正是“为天下先”者，首创不二价，第一个冲破了传统经营的关隘，开了一个不平凡的好头。

标价公道、合理，不用费心机与口舌，就可以买到合心水的货物。有此便利，香港人踊跃来到先施公司修复的老店。此际，顾客对先施，已不是新鲜好奇了，而是信得过了！

利润扶摇直上，股东喜形于色：今年红利又翻番！他们不再为雇女店员、为不二价等忧心忡忡了。

是日，作为司理的马应彪，召开了股东会议，宣布：先施公司现已进一步得到巩固，可以着手扩张，争取更大的发展了。

股东们屏息聆听，“现在，分派完红利之后，公司尚盈余 9 万多元，可充当新的资金，把经营规模扩大数倍。”

众股东瞪大了眼睛，几乎不相信自己的耳朵。终于有一位清醒过来，问：“有这么大的资本，下一步需怎么办？愿聆听马先生高见。”

马应彪胸有成竹，他早已深思熟虑，一个扩业的宏图呼之欲出：“我以为，凭我们的资本与实力，可以改建为先施有限公司，向港英当局注册登记。这样，公司发展就能更迅速。”

有股东问道：“有限公司需要数十万元资金，我们够吗？”

马应彪微微一笑：“是呀，至少得有二十万元，所以得添招新股才行。”

“还差近十万，这可不是小数，有什么人可充当新股东？”股东表示怀疑。

马应彪微微一笑：“这事，我已思谋过了。刚好我在澳大利亚一好友陈少霞君，与几位华侨一道，回到了香港，亦打算在这里求发展。我和他谈过了，他有投资的意向。当然，只要大家齐心协力，这十余万新股，并不难办。”

股东连连点头。

经马应彪奔走与多方努力，先施公司先后得到了夏从周、欧亮、许毅枢、马英灿、马祖金、孙文庄、劳仲等人的赞助。马应彪也从自己的积蓄中拿出股金，二十万元资金，迅速归齐，达到了注册有限公司的规定。

1907 年 2 月 27 日，先施有限公司的注册申请获港英政府批准，董事局亦随之设立。从此，先施公司进入了大发展的第二阶段，更为人所注目。

但股东们万万没料到，马应彪却拿出了一个大胆的方案。他提出：把德辅道中 215 号至 221 号的六间店铺，全部租赁下来。那里楼高四层，拟打开全部门面，由地下至四楼，统统开作货场，陈列百货。

没等他说完，股东已经惊叹：“哗，这有多大规模呀？”

“对，就是尽可能扩大规模，创一个香港之最，雄视全岛，显示我们先施公司的气魄。”马应彪十分自信地说。

然而，他立即遭到了猛烈的反对：“这太冒险了，投入太大，还是稳扎稳打的好。”

更有力的反对还在于：“德辅道中是新开的通衢，填海马路，面对的是大海，人迹罕至，香港人绝少上那个地方。在那里租赁铺位，没人光顾的，生意做不起来的。”

“那个地方，如今并无洋货同业，没有什么人会去的，不如在大马路上从事发展为上策。”

是呀，那附近并没有什么商店，人流不旺，没吸引力。电车车轨还没铺到那儿，港人都视为畏途，不会去的，万万来不得。

反对声愈来愈大。

但马应彪胸有成竹，充分表现出他干大事业的胆识来：“不是要干大事业吗？在大马路上，铺面本已紧张，如何施展得出拳脚，图谋大的发展？这是短见不可以为的，况且租金又贵，不是付不起，而是赢利太少了。”

“不错，德辅道中是新区，如今人丁不旺，但正因为新，才可能有发展，才可能把规模扩得更大。当局是必力促新区日臻完善，设法配套成龙，我们这去，正合其意，别说租金从优，各方面的优势也显而易见。”

“人流不旺吗？我们先施带个头，必有别的商店跟着来，何况有电车站正在门口之便，港人必不在乎这一两站，有先施在，他们也就去了。我可以预言，用不了多久，那里必因我们而成为香港又一旺地。勿谓言之不预，一年后，我们当在德辅道中重聚，看我说的怎样？”

“至于冒险，不错，干这一行，没一点冒险精神，是没法成得了大气候的。何况我的冒险，并不是盲目的，而是有依据的，我已经做出各方面的预算和可行性报告，供各位股东过目。”

他坦然将报告交出，但反对意见之强烈，也是前所未有的。

“投入太大，要旺也不是几天的事，这样资金是必化为乌有，别说投入周转了，此议切切不可行。”

“如果这么冒险，我们唯有将资金撤回，以免同归于尽！”

一下子，多名股东都觉得这些反对意见很有道理，纷纷表示，如马应彪一意孤行，要在德辅道中设新铺，他们便一道撤回股本，不干了。

一时间，如公司志所云，先施公司几呈瓦解之势。他的好友，无论是华人，还是西人，都纷纷来劝说：“我们看，还是稳妥为好，以大马路、闹市区为新铺，发展起来没有风险。”“经过了早几年的难关，现在总算发达起来，很不容易，不可以太冒失了，以免又遭一次困厄。”

但马应彪主意已定。“既然大家已推举我为司理，大政方针，当我一手拟定，一切风险，均由我来承担。希望大家把目光放远一点，不要错过这次先施公司大发展的机会。假如我们不去占这一新区，自然会另有人为头，到旺起来再打进去，为时已晚。经商须有眼力，有胆识，看准了就敢下大注，不轻易放弃任何一个机会。机不可失，时不再来。”

他苦口婆心，“游说诸侯”，终于“挽狂澜于既倒”，使“几呈瓦解之势”的局面得到了逆转，先施有限公司终于确定了大发展的方向。

先施有限公司于德辅道中开设新铺，顿时在香港商界中引起震动。开始，大家还纳闷先施公司何以忽发奇想，爆如此一个冷门，竟舍近求远，有违做生意的章法。可有识者却立即拍案叫绝，说先施公司下了一着妙棋，出奇制胜，前途无可限量，这才是干大商业的气派！

初时，不少商家，或亲自前往一探虚实，或托人打听以明就里，欣赏者有之，观望者不乏，非议者亦不少。但先施公司雄立新区，且信心十足，绝无打退堂鼓的任何征兆。

新铺大楼，一经装修，更是金碧辉煌，全港所瞩目。顾客反而舍近求远，乘兴搭电车，来这个新铺看上一眼。果然不同凡响，货物琳琅满目，装饰灿烂夺目，店员和蔼可亲。一传十，十传百，先施公司新铺的欣欣向荣气象，可谓不胫而走，引来了八方客商。

眼看先施公司生意兴旺起来，一下子，商贾们更一致认定，德辅道中新区，乃是风水宝地，日后必发，于是争相效法，纷纷到先施公司的左右设立大商店。短短几个月内，举目望去，一条长道，已无半间空铺，全已开作门面了。这里，顿成一旺区，有人开玩笑道："马君善堪舆，早就测出这片地可以大发，不然，怎敢单枪匹马上这里开店？我们肉眼凡胎，怎有此本事。"

无论别人怎么说，马应彪一年前的判断，一年后不但得到完全的证实，而且比预料的更好。

是夜，马应彪站在德辅道中先施公司的楼顶上，放目四方，感慨万千。只见大道上，电灯照耀得如同白昼，车辆来往不停，有如流水。大道上，依旧人潮如涌，来来往往，还看不出歇市的迹象。

那灯火，那行人，如同一股热流，在他心底升起，更照得他眼前一片光明，他仿佛看到先施公司更宏伟的前景。几年心血，终未付诸东流。

他长长地慨叹道："我的心愿，终于实现了。往后，更得努力经营了。"是的，他更加不敢松懈，自知要承担更重的责任。

这一年，被幽禁的光绪皇帝病亡，不可一世的西太后亦寿终正寝。在死前两天，她把光绪的侄子、年仅三岁的溥仪接入宫内，作为皇位继承人。也就是这三岁的小皇帝，成为中国历史上的最后一位皇帝。

国内的政局更加动荡，革命者四处起事。马应彪深信，那个腐朽的王朝也将很快寿终正寝了，商业作为振兴中国的支柱，必将蓬勃兴盛起来：任重而道远，有必要往内地一搏。

他转身，往北方看看。茫茫长夜，只见一颗流星，溅落在广州方向。

新商业精神

在德辅道中先施有限公司大楼，总商行正面四根大柱上，分别写着"香港大市场""寰球货品庄""始创不二价""诚信名远扬"，醒目而庄重。

正是当年澳大利亚贺顿父子公司的大树标记，教他极度重视信誉的力量。他没少对店员们讲过，这家公司的主人，也是挑夫出身，由小贩小商干起，可就是凭货价不二的美名，小店变大店，不出三十年，事业蒸蒸日上，铺地面积数十亩之巨，全球的货品无不毕具，伙计发展到数千，年中营业进款可以亿计。可见，以诚信立业，方可立于不败之地，兴百年不废之伟业。有那么一天，先施公司也会达到这个规模。

自然，光一个香港，还不够先施公司施展。而向内地发展，本就是有一片爱国之心的华侨们的愿望，马应彪早已心向往之。

马应彪的决心渐大。是的，要把文明经商，或者说是现代新商业精神，带往内地去，打破那万马齐喑的沉闷局面，对腐朽的封建社会作有力的一击。这也是对民主革命的实实在在的支持，对内地商业的变革，对国计民生更有裨益。

于是，下一步，马应彪便迈向了近邻——广州。

在香港，在马应彪、陈少霞的管理下，先施公司的文明经商，已经积累了相当丰富的经验。

新址既定，公司公开登报招聘数百店员。经过必要的考核，录用者同老店员一道接受短期训练。马应彪认为，这对于提高店员素质非常重要。生意能否做好，与店员本身素质、能力和知识密切相关。

于是，他亲自制定了培训的章程，着重于接待顾客礼仪、介绍商品常识、管理货物方法、陈列商品知识和柜台货物保管。

然而，录用的新店员大都是年轻人，数量一下子由几十个发展为几百个，虽说经过培训，但业务能力并不是一下子可以跟得上的，地处香港，不少货物的英文名称如何叫法，他们大都不懂。尤其是有些货名，连英华词典中也查不到，一遇到外国顾客，就对答不上。

有一次，门口的招待员因为不懂英文，指错了方向，结果，顾客直接找到司理室。顾客愤愤然，大为不满，视为受辱，马应彪连连道歉才算了结。

马应彪经常下柜台巡视，发现一些店员算盘拨得很慢，而且容易出错，让顾客等得很不耐烦。

长久下去，不是办法。于是，他立即决定，在公司里办两个补习班，一个是英语补习班，一个是珠算补习班。凡进补习班的店员，周二、五晚上九点停止营业后上课一个小时。

立时，报名者踊跃，谁都愿把生意做好。

先施公司的面貌，可谓日日新，月月新，让顾客有宾至如归之感。

一进门，门口就有几名长衫马褂、笑容可掬的招待员，无论是前门、后门与侧门，还是楼口，都有人伫守，热心充当购，为顾客介绍商品的种类、价格、质量等情况。

公司把握住东方人心理，专门用的是上年纪的店员。年纪大，给人以忠笃诚信之感，使顾客先产生了信任感。何况他们又彬彬有礼，颇能给人以好感。

柜台上，还专门配置一定数额的香烟。香烟都是特制的，质量上乘，而且每支上面都印有“先施公司客烟”的字样，用以接待购物较多的顾客，更在好感上添上亲切感。而这些烟，售货员是不能抽的。

公司还专门雇用洗衣工和理发工，为职工洗衣、理发。天热了，还专门供应清凉饮料。医生常年来店为职工诊病，费用由公司负担。这样，职工能精神焕发、外貌整洁地迎接顾客，使顾客感到心爽神清，也感到受尊重与礼遇。

在经营上，马应彪审时度势，拿出了一整套切实可行的方案。他说：许多人都认为，百货公司应该是百货齐备，货物应有尽有，只有这样，才能留住顾客。可我不这么认为，因为这只是想当然，不切实际，应当根据客观环境来考虑进货，因应本店员工的特点来销售。有了特色，就不愁没顾客，否则，势必分散人力物力，有的货物闲置，有的人能力发挥不出来。

陈少霞当即表示赞同，进一步指出：香港的出入口船多，游客购买力强，从实际出发，就是对这类顾客的用品多加考虑。因此，楼下罐头伙食部的食品种类应比一般的“士多”（即商店，英文 store 音译）要丰富，化妆部要有数十元一小瓶的高级法国香精及高档化妆品，还应有针对消费力较强的旅客用的中西成药、名药。

就这样，集思广益，先施公司的货架日臻完善，商品大受欢迎。

当然，加上复写发票，不仅给顾客提供信誉，也便于每天对账以防出错。

所以，无论数额大小，先施公司发票是要写的，这就一改过去买卖之后无凭无据的陋习。公司对货品质量承担责任，对顾客也更有保障。

无形中，顾客习惯下来，也就产生了信得过的心理，愿上先施公司购货。到别处，没发票，反而有点不放心了。

这是一场默默的，却是稳重的、实在的商业革命。

应当把这推到广州去，推到国内更多的地方去。

中国需要侨资的投入，但中国更需要新的商业，革故鼎新，从根本上改造国民精神。中国不可以在死气沉沉的统治下窒息。中国该醒过来了！

马应彪利用每周日上午给店员讲圣经的机会，讲博爱精神，讲人人平等与民主自由。他也是这么对待自己的公司管理的。

1907 年，先施公司扩大发展之际，马应彪的老乡郭氏兄弟，也来到先施公司老铺所在的皇后大道，兴办了永安百货公司。到 1909 年，他们又追随先施公司，来到德辅道中，把合伙经营改为股份有限公司，资本金额 60 万元。不久，蔡兴、蔡昌等在先施公司右侧，创建了大新公司。其他公司也陆续而至。

那时，几大公司之间并无芥蒂，凡"跳槽"者，是必礼送，绝对不会认为那人"背叛"或"投机"什么的，在竞争中尚如此，无疑也是一种新观念在起作用。

马应彪见此燎原之势，甚是开怀，他说：从国外回来，来看我国的商业，感慨良多，症结乃在于小经营方式，追逐于蝇头小利，自我束缚，自给自足，不知天下已大变，更无规模组织，亦无商战之韬略。中国人如果要从外国经济侵略中，谋求自救，摆脱危机，依我看，非得引进新的经营之道，更新商业精神。尤其是提高国人对商业的认识，不再视之为"末业""市井"。

拳拳之心，跃然可见。

先施带动侨资来到了香港，又进一步引向了内地。这是先施当日卓著的功劳，在中国近代史上功不可没。那么多公司云集香港，远远超过了当日“开埠”的预计，马应彪喜上眉梢。

新铺方立不久，1910 年，马应彪提出：“我们应谋划向新埠发展了。我意是就近先向广州，设立先施有限公司的分行，把我们的生意，做到内地去。”

各董事纷纷表示赞同。“是呀，如今公司获利甚巨，不可只着眼于一个香港。我们是中国人，向内地发展，正是情理之中，我们全力支持。”

“广州与香港，咫尺之遥，唇齿相依，正是可以发展的好地方。”

这回，几乎没有什么反对意见。几年下来，大家对马应彪的远见卓识，早已深为叹服。众人便迅速行动起来。很快，广州先施有限公司（粤行）便建立起来。选址在广州长堤大马路上，购地六亩余，建筑五层洋楼，总资本为 40 万元。

也就在筹建之时，广州爆发了黄花岗起义，这是 1911 年的 4 月 27 日。没料到，起义功败垂成，七十二烈士长眠黄花岗的草地上。

然而，10 月 10 日，武昌的起义士兵一夜取得了胜利，为中国最后一个皇朝敲响了丧钟。

第二年的 6 月 20 日，广州先施有限公司正式开幕，给辛亥革命献上了一份厚礼。

第四章　实业兴邦

倡办纺土纱局

辛亥年广州的独立，充分体现了民族资本的力量。半年多前，黄花岗起义失败，革命派的力量受到了挫折，一时间未能重新组织起来，于是，广州的商人、实业家们自动地联合起来，“宣布共和独立”，迎接当时仍在香港的同盟会元老胡汉民到广州就任都督。

革命成功了，无论如何，都要解决国计民生问题；空口大话，解决不了百姓温饱与国力强盛，革命也就会流产。这一条，胡汉民是认准了的。所以，在都督府内，以他为首的一批重实业、重经济的务实人士，便迅速提出了一系列兴办实业的方案。非如此，不足以富国强兵。

1912 年 2 月 12 日，清帝宣布退位，结束了中国数千年来的专制制度。这是中国民主革命的伟大胜利。4 月 1 日，孙中山先生向参议院辞去了临时大总统的职务，着力于振兴实业，此后巡回于武汉、上海、广州等地，多次发表演说，号召：“吾国种族革命、政治革命俱已成功，惟社会革命尚未着手。故社会事业，在今日非常紧要。……仆此次解职，即愿为一人民事业之发起人。”并且明确地指出：“我中华之弱，由于民贫。余观列强致富之原，在于实业。今共和初成，兴实业为救贫之药剂，为当今最要之政策。”

当日，孙中山先生以高度的热情，辞去临时大总统之职，亲自考察祖国各地，关切劳苦大众，著书立说，制定实业计划。不久后写就的《孙文学说》《实业计划（物质建设）》等名篇充分体现了他的思想。他认为，“大公司之出现，系经济进化之结果，非人力所能屈服”。他四处奔走，八方筹资，到处宣传他的主张：发展大工业、大商业、大交通，建立发达的交通线与铁路网，生产丰足的农产品与老百姓须臾不可离的日用产品。

孙中山来到广州，马应彪亲到现场聆听他的演说，往往有醍醐灌顶、豁然开朗之感。于是，多份创办实业、招股等文件，从马应彪手下出来。这里，我们仅以马应彪发起创办广东纺土纱局有限公司为例。

早在中日甲午战争之后，资本输出逐渐成为帝国主义列强掠夺中国的主要方式。只要稍查阅史料，我们便可得知：1895—1898 年，四年间输入超过输出 1.3 倍，平均每年入超 4700 多万两，总入超近 2 亿两。其中主要是棉纱、棉布。中国是个产棉大国，可棉花只能出口，却大量进口棉纱与棉布。当日一位叫张謇的经营纺织业的实业家，就在其实业录中忧心忡忡地写道：

> 花往纱来，日盛一日。捐我之产以资人，人即用资于我之货以售我，无异沥血肥虎，而肉袒以继之。利之不保，我民日贫，国于何赖？

于是，一个泱泱产棉大国的棉纱市场，竟几乎全部被帝国主义列强所瓜分与垄断，中国人反而难有插针之地。仅 1899—1900 年，英国统治下的印度的棉纱总输出量中，有 88.8% 输入中国；1903 年，日本棉纱输出总量中，有 90.9% 倾销到中国。华东、华南、东北市场上，中国人产的棉纱完全无以插足。华中市场，洋纱为 86.4%，本国纱仅占 13.6%；华北市场，洋纱为 93.7%，本国纱仅占 6.3%。1895 年中国人办的裕晋纱厂，仅两年便被外国资本所吞并，连招牌也换了洋人的，这便是一个明证。

不必再援引数字与典型了。用当日的话来说，乃是国家的“利权外溢”，肥了掠夺者，瘦了老百姓，也瘦了国家。

而今，革命成功了，革命政府当为自己的国家壮声威，为自己的民族谋利益，不可以再匍匐于列强的利爪之下了。

马应彪针对中国棉纱业的现状，四出奔走，游说同仁。就在清帝退位之后短短一个月内，他便联络了永安公司的郭乐、真光公司的黄在朝，还有远在江门、香山、香港、澳门，乃至安南堤岸、广南、岘港等处的华侨实业家，一共 66 人，发起倡办广东纺土纱局有限公司。

马应彪历来认为，行文立旨之事不可由他人提刀代笔，而应事必躬亲，所以他亲自起草了《缘起》与《简章》。纵然广州先施有限公司很快就要挂牌营业了，他仍挤出时间，彻夜不眠，苦心独运，写下了一篇掷地有声的宣言：

> 人生之所至重者为衣食，衣食之所从出者曰农桑。然农桑之外，尚有一业可以为农桑之助，且能收衣食之利者，如种棉是已。盖农桑之业非不足以利群生，然考之近日我国人之心理，要皆喜用洋货，大有舍己耘人之势。于是外人遂得乘间以投我国人之所好，而我国利权从此外溢矣。

拳拳爱国之心，跃然纸上。马应彪痛心疾首，写到此，眼也发红了，手微微颤抖了起来。抬头，只见窗外，夜色空蒙，星光闪烁。夜空下偌大一片国土，乃祖辈生息之地，岂可让外人恣意蹂躏掠夺？

他奋笔写下去：

> 即以衣服一道而论，布之值恒贱于帛，而人之用布亦多于帛，此布之通用较胜于帛可知。我国地大物博冠于全球，而我广东素称富庶之区，则又甲于他省，夫人皆知之。乃环顾粤人，往往有农民之子、蚕妇之夫，宁舍固有之本业而远涉重洋，甘就外人之势力圈下。吁，此何故哉？因我国人不知种植之利，而又无工厂以容其身，使之然耳。

刹那间，三十年的风风雨雨，太平洋上的狂涛险澜，全汇到了心头，心酸、凄凉、苦楚，竟引起绞心之痛。国人当自强，岂可再沦为他人之奴？马应彪继续有力地写了下去：

> 仆等久历商场，静观时局，慨华侨之疾苦，哀民生之多艰，爰拟创建公司，厚集股本，专设纺土纱局，以供各物之制造，一则养游民而营实业，一则兴土货以挽漏卮。虽属营业之施为，实具慈善之性质，利国利民，窃以为莫大乎是。唯一人之绵力有限，大厦非一木能支。伏望热心爱国诸大君子发宏愿，力结大商团，俾早观厥成，共襄善举。中国幸甚！同胞幸甚！

紧接着，他又拟下了招股的简章。在简章里，他不仅力求详尽、细微地列出如定名、宗旨、地址、股本等一系列条款，并且还力荐一位纺纱工业方面的工程师，说其“前曾在安南东京纺纱厂当工程师十余年，且遍游上海各纺纱厂，利弊洞悉，今特聘为工程师，可谓得人矣”。这自然是建树信誉，也表现出他求贤若渴的君子风度。

在招股简章后，还专拟了一个“种植棉花及机器纺纱预算表”。这自然为的是说服国人踊跃入股。

读下来，却不能不为马应彪的细致、周到、一片苦心而感动。说细，细到种植的工序、投入、时令等，无微不至。连机器的开支、产量、成本什么的，也无不周详。经过计算，文末归结道：

> 花纱时价不同。每日计出纱四款，约出得纱五十件左右。调查香港每年所计外国洋纱入于两广内地约有廿余万件，但两广一年可销得十余万件。照本公司每年约出纱二万件，则此其入口之数不过十分之一而已，断无有滞销之虑矣。本公司每年可挽回入口花纱银二百余万元。

为国家挽回利权，马应彪一片丹心，光照后人。就这么个文告，便足以体察马应彪的爱国热情。他分明满怀信心地期盼着、憧憬着，在祖国这片广袤富饶的土地上，建立起具有现代科学技术与物质文明的人间乐园。中国不可以再落后挨打了。

遗憾的是，由于史料的匮乏，广东纺土纱局有限公司下文如何，我们不得而知。但可以想见的是，结局不太乐观。

的确，在第一次世界大战期间，中国的民族工业有了进一步的发展，尤其以纺织业发展得最快：纱厂由 1915 年的 22 家发展到 1922 年的 64 家，纱锭由 1915 年的 544010 枚增加到 1922 年的 1593034 枚，织布机由 1915 年的 2254 台增加到 1922 年的 7817 台。不过，如将华商的发展速度与日商相比，个中差距就很明显了。假如 1913 年华商日商锭数均为 100 的话，到了 1925 年，华商仅为 348.21，日商已为 700.87，是华商的 2 倍。由此可见，光日商在华的纺织业，就已对华商构成巨大的挑战了。

如果说，在轻工业领域内华商尚还有立足之地，那么，在重工业、金融业，可谓连插足之处都没有。而金融上的霸权，更造成了商业贸易上的霸权。日本银行资本不断投向中国市场，连中国政府、中国工商界，甚至农民也成了日本银行的债务人，负债累累。

中国的工商业，就这样在封建势力与帝国主义列强掠夺的夹缝中，步履维艰但仍百折不挠地向前发展着。往后，还会有七灾八难——比起先施公司初立时遇的台风，更为可怕！

先施粤行成立

广州长堤一带，当年，本是一片河滩地，沙石铺陈，淤泥堵塞，人迹罕至。然而，就别说广州人了，连先施公司的老股东也万万没料到，马应彪又一次作惊世之举，竟要花大价钱，买下这片河滩地。

这比几年前要买下香港德辅道中的新址，更教人不可思议。然而，马应彪却慧眼独具。

很快，一条笔直、崭新的马路横空出世，沿着河堤伸展，别有一番风味，颇招揽游客。于是，陆上有车辆之便，水上又有舟楫之利，不远处又是沙面租界，说旺就旺了起来。而今，这一带仍是广州最热闹的中枢地带。凭此，可知马应彪的眼光了。广州先施有限公司就是同这条马路一道诞生的。它是先施有限公司在内地的第一个分行，意义不同一般，又正值辛亥革命胜利之际，所以开幕之际，热闹非凡。在广州建立第一家规模如此巨大的百货公司，正符合孙中山实业救国的设想。

此番，集资本 40 万元，建筑了五层的洋楼，粤行设立参事若干人，成立参事会，以代表总行监督司理管理业务，其管理机构比总行简化多了。

至于经营，大致与总行相同。尤其是一至四楼，货物与香港先施完全一样的陈设，不同之处在天台。那里被辟作了游乐场、品茗室、酒菜部、影相部、理发部、影画室、剧场等等。当时广州没几栋这样的高楼，游乐场设在天台，颇有吸引力。加上先施公司设有升降机，够新鲜刺激的，很能迎合游客的好奇心理。上面的剧场，每晚都有几种剧目演出，粤剧、杂技、魔术什么的，被人称为“三上吊”。此外，还有舞蹈、演唱，节目推陈出新，老少咸宜。营业时间为晚上 7 时至 12 时，每当夜幕徐降，华灯初上，游客便络绎不绝，熙熙攘攘，一片兴旺祥和的景象。因在广州天气炎热的日子居多，游乐场濒临江边，乘凉消暑加上观赏娱乐，更成了欣赏羊城八景之一“珠江夜月”的好去处。

入游乐场票价低廉，一般老百姓都享受得起。游乐场上，奇花异草，珍禽怪兽，开我国人眼界，亦为苦心独具。

更重要的是，粤行的设立，带来了货真价实、童叟无欺的新商业精神，“真不二价”，公司在广州信誉倍增，业务蒸蒸日上，每天的零售营业额，扶摇直上。它同辛亥革命摧枯拉朽的烈风一般，扫荡着落后的经营方式，推动着社会的更新。

不到两年时间，盈利倍增，加上长堤已形成闹市区，先施公司不失时机，就近增设了东亚大酒店。

东亚大酒店，如公司志所载：“建设华丽，房室轩敞，陈列雅洁，并设有升降机代步，附设酒吧、餐厅、桌球，使远近旅客，有宾至如归之感。”公司营业额更是日胜一日。

马应彪仔细研究过西方发达国家发展的途径，英美皆称为“以商立国”，众多的大企业，乃至大学，都是由商团兴办的。走商办工业的路，对中国也许是一种借鉴。商人拥有资本，投资实业，不失为强国之路。于是，他下决心，再闯一条新路。

随着广州先施的发展，在公司的名下，又建立了十大工厂，它们是：制鞋厂、饼干厂、汽水厂、皮革厂、五金厂、机器厂、玻璃厂、木厂、枧厂、化妆品厂。一时，男女工人，数千百人，所产制品，畅销各地，为各界人士所欢迎。

除此以外，马应彪还设立了先施人寿保险公司、先施水火保险公司、香港国民商业储蓄银行。

过去，船业、保险业（含水火、人寿等）均为英国殖民者所垄断，正是马应彪首先打破了他们这一垄断，其他的华人工商业家也跟上来了。

在鼎盛之日，又在十八甫与惠爱路设了分店。

仅仅三年间，获利数倍，一举成为广州乃至华南最大企业之一。自然，这也托庇于民主革命的胜利。

但是，中国的国情，毕竟不同于外邦。几千年封建主义的阴影，非一日可以驱散；而帝国主义列强亡我之心，更无一日收敛。辛亥革命推翻了封建王朝，但民主共和在中国此前并无先例，不久便是袁世凯称帝、军阀混战，更给了列强划分势力范围，争夺中国商品市场与原料产地的机会。

正是针对列强的经济侵略，以支撑中国的民族资本，马应彪才有兴办十大工厂的壮举。他将这十大工厂集中称为“利民兴国工厂”，用心不可不谓良苦。

如机械厂，出产轮船上的引擎等机器，就是力图在这方面打破列强的垄断。皮鞋、汽水、化妆等日用品，更是要与列强争一日之长短。

工商业救国，是马应彪，也是他的老乡孙中山先生梦寐以求数十年的愿望。

但四出奔走、呼吁“实业救国”的孙中山先生，却不得不发起“二次革命”，此后又一次亡命海外。

马应彪在广州兴办的十大“利民兴国工厂”，也在列强的经济压迫及国内罢工影响下，先后一一倒闭了。

自己的产品，在自己的土地上，竟竞争不过人家，究竟是为什么？

不久，马应彪又毅然决然地投入了孙中山在广州发动的“护法运动”，担任大元帅府筹饷委员。

他一次又一次为革命捐献巨资，他更进一步地认识到：没有彻底的民族革命，中国的民族资本一日就得不到发展，只会被帝国主义列强所压迫、吞噬与瓦解，不可能有抬头之日。而没有彻底的民主革命，中华民族亦不可能在世界民族之林中自强不息，解除人民的痛苦与不幸。

先施公司的命运，正是与这场革命紧紧地联系在一起的。

这些工厂的失败，不仅仅是经营方向的问题，还有更多值得思索的。虽然商业运营在香港等地仍蒸蒸日上、不可阻遏，但是目光还需要放得更远一些、更远一些。

马应彪，一个现代的、富于革命思想的实业家的形象，正在风雨如晦、万马齐喑的旧中国里崛起，并高大起来。

别人可以是在商言商，做一个单纯的商人，但马应彪却是身兼二任——革命与实业。历史之光，由此更在他身上增辉。

他仍一如既往，在风雨里行进。他的选择决不变易。

走下去，不回头！基础既定，哪惧它千钧重压，百年风雨！

就在二十世纪上半叶的变幻风云中，马应彪在实业兴邦、革命创业中，成长为中国一代商业巨子！

敢为天下先

创“不二价”，开中国现代新商业之先河，这并不是简单在价码上标记一下便可了事的。前边业已提到了种种阻难和非议。

为了全面推行“不二价”，本身在经营管理上就得有相应的措施。如果说，“不二价”是取信于顾客的话，那么，相应的措施则是为了取信于整个公司的员工、整个社会与时代。这在西方被称为“商业零售革命”，不那么轻巧。凡是变革，没有不历种种曲折与磨难的。

于革命尚不怕丢脑袋，进行商业改革，又岂会怕风险？

早在香港先施公司创立之初，马应彪就敢于创新，所做的重大经营决策，均是其他人未曾做出，亦未敢尝试的。

他第一个在香港举办女模特儿表演为公司做宣传，这一度被人斥为“伤风败俗”。不难想象，二十世纪初，在南中国的封建古董们有多顽固，气焰有多嚣张。

也是他，第一个邀请蜜丝弗佗化妆厂派出的女化妆师来到先施公司，为顾客们化妆。

在香港，为了把生意做好，并扩大先施公司的影响，他还独出心裁，派人专门上天台瞭望。

干什么？

原来，当时的香港岛尚未有供大轮船泊岸的码头，大船只能到九龙靠岸。也就是说，来往顾客，先在九龙抵埠。先施公司自备小船，只要瞭望台上通知，发现有大船进入鲤鱼门，小船便主动迎上去，抢做生意。天台之高，也就占了有利位置。

小船靠上大轮船后，三人顺着缆绳登上大船。那时，登船只能如此，够玄乎的。三个人中，得有一人兼翻译，应付外国人。立时，裁缝便给顾客量身、看样、选衣料，直至顾客满意。

大轮船停泊，时间有短有长。起锚前，无论时间多紧，衣服都得做好送去。时间短，就是加班加点、开通宵，也得赶完，从来不曾有误。服装生意做到这一步，不可谓不周到了。

由此，先施公司的信誉，便传扬四海了。外国轮船上的水手，大都知道香港有一间以诚信著称的“先施”。先施公司也就成了香港登船做游客生意的开创者。也正是凭这一声誉，后来先施公司在欧美、日本、东南亚设立分行，占了很大的优势。

取信于民，先施公司还发明了当时未曾有过的种种票券。

一种叫通天礼券。何谓“通天”？就是说，持这种礼券，无论在香港、澳门，还是广州、上海，只要是先施公司，就可以用礼券选购商品。这礼券，是专门出售以方便顾客的。多少人，想送礼又不知对方接受什么为恰当，索性将礼券给对方，受礼者凭礼券的面额采购自己需要的商品，皆大欢喜。这些礼券的面额有一元、三元、五元、十元不等，不记名，认券不认人。最高峰时，年发售量竟可达数万，公司也由此多得数万元的资金周转。

与此同时，公司还在内部给职工发行“粮券”。所谓“粮券”，不是今日“粮食”的“粮”，而是“出粮”（开工资）的“粮”。这是一种面值为五元的票券，专供职工在公司内购买商品用，且可以在公司任何部门兑换现金，所以有很高的信用。给职工发工资时，五元以上的均以此券代替现金，职工也可就便购买本公司的商品。粮券凭此信用长期发下去，收到劳资两利的功效，也发挥了公司的优势。

公司在货场还专门设立“一元商品”的专柜。专柜陈列的，是各种残次、积压商品，它们互相搭配，打成价值一元的商品包。一元交易，任你选购，方便之至，顾客更乐于购买，公司积压的货物也日见减少，加快了流通与周转。如今，此方法在国外还经常使用。由于生意好，在一段时期内，先施公司还专门开设了一间专售“一元商品”的商店，收效亦可观。

“真不二价”，树立了信誉，又保证了利润。公司有一套严格的价格制度，每种商品都事先核算成本，据以核定售价，再交售货员执行。用今天的话来说，很讲究“透明度”。成本、价格，售货员都知道，用“暗码”写在价格表后面，售货员一律通晓。凭此，可在内部设立“优待价”。售货员依据成本，略有微利，经过部长批准，则可优惠售给公司股东、本店职工或职工亲属、朋友等，但不可能蚀本出售。残次的商品，经批准，亦可削价卖给内部职工。

公司还设立了送货部，组织人员送货上门。这项服务专门针对顾客无法随身携带的商品，客户无须额外支付运费，货品当天送到，让顾客感到更为便利。至于外地来函购买商品，无论来人还是来函，不管批发还是零售，若要装箱运出，公司专有装箱部，实司其责，装箱后，交车船托运，手续完备，让顾客甚觉周到。货品注上中英文，加上图画说明，图文并茂，对中外人士都很便利。

马应彪生平有豪言壮语，谓一元可以创办利民兴国制衣厂，五元便可办华信金山庄。

这正是他作为大商业家信誉卓著的明证。所以，他能敢为人先组建了这么一个主打“不二价”的大公司，在中国一改“无商不奸”的陋习，奠定了商界的信誉，建立起了新时代的商德新规范。此功，千百年之不可没也。

货不二价，人不二面，诚信取众，事业亦不二而发达矣。股份公司，认股不认人，与西方注重契约的精神一致。马应彪尤为注重任人唯贤，而反对任人唯亲。他本人是个虔诚的基督教徒，长期担任香港中华基督教圣公会的负责人，发起创办香港基督教青年会。他持身谨严，生活俭朴，勤劳好学。作为一个大公司的创始人，在初期他没有私人汽车，只用人力车，在先施公司内当部长级以上的人中，属马氏家族的人为数甚少。后来成立的上海先施公司，总经理郑昭斌、欧彬，都不是马氏的人。

先施公司组织机构按章程而设立，最高权力机关是股东大会。由股东大会选出董事，成立董事会。董事会则是平时的最高权力机构。每个股东都有选举权与被选举权。

在职员工，表现良好者，每年都可加薪，并可成为在职股东，享受公司的年终分红。这样，员工更与公司的命运休戚相关。一般如筹不足资本成为股东的，公司就借款给他，股票则由公司代管，且计算借款利息，一旦还清本息借款，职工便可以持有自己的股票了。这一来，职工本身也可以富裕起来，且拥有在公司的选举权、发言权，劳资两利。

公司年终有盈利，职工也有花红分配。花红多少，由总行董事会决定。花红分两种：一种是职工花红，一种是受职股东花红。拥有150股以上的职工，经董事会批准，可成为受职股东，并享有股东权利。如前所叙，不够数的，可以借贷补足。成为受职股东后，在增加工资方面仍一视同仁，连花红，依例当分得更多。这便加强了公司内部职工的稳定性。

关于先施公司以“信”为纲的管理体制，尚有众多方面未曾涉及，但无疑可以看出，在中国来说这是一种全新的体制，当日已有不少评述：

> 在昔中国无道德之商店，每遇生客或童幼，辄特高其价，冀以获厚利而偿其无厌之欲。……今之商人，已变迁其往昔欺骗之态度，为不二价之态度，童叟无欺，有此道德，然后方能力行之。

此外，不妨提及几段轶闻佳话。

还在二十世纪三十年代，先施公司进口了一批高档香水，陈列在窗橱。其中有一高级香水，叫“巴黎之夜”，进货时值30银元。到1949年初，香水已有所挥发，标价为港币1500元，仍吸引不少人观看。纷传此香水值二人两年的薪水。后来，先施以80港币的优惠价售给了在先施天台演出的粤剧名角楚岫云，传为佳话。1954年，广州南方大厦（前身是蔡氏兄弟创立的大新公司）修复开业，展出一水晶刻花花瓶，标价1500元，还是先施公司当年的存货呢。

马应彪还有脍炙人口的一桩壮举，那正是华北、粤北水灾之际，为筹款救灾，除了自己捐出巨款外，他还专门召开卖物赈灾会，也就是今天所说的义卖。他将公司自制的一瓶汽水拿出来，多次叫价后达到1000元，最后由他自己标得。

简而言之，无论是企业经营，还是社会福利，先施公司从不缺巧招。近百年下来，新招仍层出不穷，一度还拿出了飞机散礼券的绝招。

创新已成为公司的传统。也许，这正是先施百年不衰之奥妙当中一个。

沪行盛况空前

一部先施公司的创业史与发展史，无不扣动着时代前进的脉搏。马应彪历尽坎坷，受尽磨难，但仍矢志不移，所以才在短短几十年间，开创了中国百货业的崭新局面。所有的困厄，所有的毁谤，都敌不过他创业的雄心。先施无愧为东亚百货业的鼻祖。

1912年，广州分行成立之际，他已在策划扩大香港总行的规模了。

1913年，先施公司增加资本至80万元港币，同年于德辅道中、永和街之侧，购地建六层大厦一座，作为百货总行。1916年，再增加资本至200万元港币，到1917年的1月8日，大厦落成并正式开业，气势恢宏，压倒了其他建筑物。它面山临海，门分三面，升降机直上楼顶，放眼香江，景色宜人，成为香港当时一名胜。

在谋划粤行、扩大港行之际，马应彪把目光投向了中国的商业中心——上海。几经勘察，终于在1914年，正式议决开设先施公司上海分行。开始招股60万港币，没料公司信誉卓著，愿入股的远远超过这个数，于是当机立断，把摊子铺得更大。

自然，粤行也罢，沪行也罢，都不可能不受时局的影响。这里，不妨实录《粤行志略》的文字，以增加读者的实感。同时，亦可以从字里行间，感受当日的战火硝烟，看到创业之不易；亦能识到那时的血雨腥风，能人志士的爱国之斗志。

本行由前清宣统元年筹办，二年购地建筑，民国元年始告竣工。初仅股本四十万元。然五羊繁丽，懋迁殊有起色，二年乃增设东亚酒店。三年加筑天台楼上楼，及游戏场，生意日盛。将溢利股息叠起八十余万，三年添招四十万，共合新旧股本为一百二十万。四年以欧战影响，重以淫潦为灾，销路因之略减。然犹能开设二枝店，以示孟晋，溢利固未菲也。五年粤桂事起，销路因之又减。然犹建筑南向洋楼八间，乃经营铺后工厂，并扩张天台乐园、酒菜部、影相部、理发部、茶室、浴房。六年推广天台博物场，附设影画戏院，改建走马机游戏场。七年生意较前尤胜，乃归并总行，由总行直接管辖及处理。八年因排货风潮，损失较大，事寝后始得复原。九年粤桂两军交绥，烽烟四起，同人旦夕守卫，怵目惊心，乃粤军胜而秩序乃复。十年十八甫某印务局不戒于火，二枝店适与之邻，同被焚去，所幸已投火险，不至大受损失。十一年，因政变及海员罢工风潮，销场稍逊前年之旺。十二年时局未靖，酒菜、影相、浴房三部分，无利可图，决议暂行收束。另行拓张天台，山塔亭台，飞潜动植，极幽雅之大观，更有著名女班柔魂影，及白话剧、影画戏、技艺戏等，资人观听，迄今亦同此情形焉。

细数下来，何止一波三折？战乱数度，火灾延祸，还有水灾，公司还能支持下来，且有发展，不可不谓创造奇迹了。

也许正因为港行、粤行信誉卓著，沪行设立时，盛况亦谓空前。

由于《沪行志略》篇幅较长，这里只能节选其中若干部分，以飨读者。

上海居南北往来中心，又为欧美通航孔道，商贾辐辏，轮轨交通，乃亚洲有名商埠。独主权旁落，工商事业悉操自外人，国人不察，习然安之，垂百十年，未闻有起与之争雄者。虽其中不乏明达之士，然大都趋重近功，不求远利。故每举一事，立一业，终不能脱外人范围。其志虑短少者，更假外人力以逐什一之利。彼以吾人为可欺，亦隐以主人翁自命，言之可慨。迨共和开国，庶政维新，沪上为南北议和之区，即各省绅商政学各界集中之地，每遇讨论国事，动受外人掣肘。有识之士，方知外人之以商务谋我，实含有政治作用。相率提倡商战之论，以期唤醒国人。

这段话，写得痛心疾首，力透纸背，爱国济世之心，百代可察，所以——

元二年间，港行同人以营业日形孟晋，港粤虽先后设立公司，仍不足以尽发展。上海为世界商业重心，欲利用时机，分设公司，以为扩张地步。特两次派人来沪调查情形，日与沪人士相切磋，觉地方之富庶，铺户之稠密，生意之广大，人物之繁华，殊非港粤所可企及。惟环观上海业大洋货公司者，胥为外人，此时风气未开，华人之营此业，大都规模狭隘，资本薄弱，视外人所开之惠罗、福利、泰兴数家，瞠乎其后。欲与之竞争，非急设立大公司，殊不足与之争衡。

这便是中国人的志气，这便是先施公司的志气。有这信心，中国定能兴盛，外人染指之日岂能再度继续？

于是创立公司之议始决，初招股本六十万。民国三年，租定公司现有铺址十亩有奇，建筑五层大洋楼，屋顶乐园，规划既定，鸠工购材，开始建筑。惟以工程浩大，区区六十万，实不敷用，再增加六十万，共成一百二十万。乃章程甫定，闻风认股，已超出新增之额，而亲友中来认股者，尚纷至沓来，拒之则负认股者之热心，受之又苦无股以应。再三审度，佥以资本愈厚，信用愈足，生意愈大，发展愈易，与其失附股者之热心，无宁扩充股额，遂决议加足二百万。然在上海以二百万经营洋货，闻者叹为创建矣。越三年而始成，崇楼杰阁，气象万千，所搜罗各国货品，亦无美不备，分门别类，陈设井然。开幕日中西士女临场观礼者逾万人，嘉宾济济，盛极一时，不独华人惊为前此未有之大观，即西人亦叹观止。当时誉者更称为世界之市场，则内容之完备，货物之齐全，概可想见。

这才是干大事业、成大气候的气魄！由此，开创了上海这个中国第一商埠百货业的新纪元。

马应彪的先施公司在上海日益兴盛，吸引了原来在澳大利亚一起创业的同乡紧随其后。三年后，此前追随他在香港办永安公司的郭乐、郭泉两兄弟，也决计向上海发展。上海先施成立不久，郭氏兄弟筹集 250 万元，在上海创办永安公司。先施公司于南京路上按中国传统坐北朝南建起了大楼，永安公司则与先施公司正面相对，坐南朝北再造大楼，于 1918 年正式开张营业。

继永安公司之后，悉尼华侨再集资 300 万元，在先施公司西侧，建七层大楼，开新新公司，全部冷气设备，于 1926 年正式开业。

1929 年，仍是中山的澳大利亚华侨，开始筹划上海大新公司。几经考虑，蔡昌选定了南京路、西藏路及劳合路交会处作为店址，购地 8.2 亩，仿日本大阪大丸百货公司形式，建筑比先施、永安、新新更为新式的十层楼房，且新设一座全国首创的自动扶梯，于 1936 年正式开业。

一马当先，四马齐驱，先施公司率先在上海为国人树起第一个百货公司，与外商争夺利权，锐志可嘉，更带动同仁们共同开发。后人在《上海风物志》中，亦不惜浓墨重彩，记述当日盛况：

> 老上海应当还记得，南京路上开始出现霓虹灯广告时，先施楼顶就装上了斗大的“先施”两个字，下面还有个不住眨眼标示电气公司的塔形灯管。每晚霓虹灯闪亮，无疑大大宣传了“先施”的名声。那时候，先施公司的屋顶花园和游艺场早已闻名远近，提起来是无人不晓的。

另有文记载：

大楼东南角顶上有一座高耸的空心塔，取名摩星塔，塔中嵌有一座大钟，塔上端装有“先施”两字的巨型霓虹灯。这摩星塔后来就成了先施公司的象征。

在上海，马应彪仍牢牢把住“实业兴国”的宗旨，在办百货公司之外，更创办制造工厂。1917 年，在上海闸北会馆路，便办起了厂，因地面受限制，当时仅木工、铁工、家具、油漆等四个部门。1923 年，因产品日多，销路又好，公司在公共租界华德路置地 20 余亩，自建厂房，投资 10 余万，生产车床、钻床等与外国商人争雄。

香港、广州、上海公司先后成立，虽然名称一样，其实各自招股营业，只是在广州、上海开设分公司时由总行拨款占股，以为倡办，且旧股东占股约八九成，其余则由外客认占，三家的事权、财权，因此未能统一，不免影响整个公司的统筹计划。马应彪征得广州、上海两分行董事同意，于 1918 年召开股东大会，商讨三公司联合事宜。

经过三处股东大叙会，最终决定将三处资本调剂均匀，合订资本额为港币 700 万元，以香港先施为总行，广州、上海先施为分行，董事部则设在总行，对于两分行，则设立参事部，辅助分行执行业务。董事部遂于 1919 年 1 月 16 日正式成立。

这是非常关键也颇有远见的决策，一经联合，不但可发挥事权统一的效能，且资金更为雄厚，经济上可互相周转，人才上亦可互相调剂，货物还可以联合采办，产品更可合力销流，营业额逐日增加。其间经受了种种考验，并且进一步大力提倡国货，赢得很高的声誉。

先施分行、分庄，就这么遍及国内的重要商埠，甚至扩展到新加坡。

1932 年，董事会决议在澳门开设分行，于十月初五街 134—138 号购铺六间，面积 50 多亩，建楼八层，为先施澳门新厦。二楼为百货市场，兼营银业信托、人寿保险等事业。三至八楼为东亚酒店，顶楼作酒楼，可俯瞰澳门全景，成为濠江最大的酒店及百货商场。

1935 年 9 月 7 日，澳门先施开业，业已年逾古稀的总监督马应彪主持开幕式，并由澳门总督美兰德剪彩。

太平洋战争爆发后，香港沦陷，澳门成了港人疏散回内地的中转通道，先施公司居中发挥了重要作用。

第五章　教育为本

因失学而兴学

> 学校者，文明进化之源泉。故学校立，而后地方自治乃能进步。故于衣、食、住、行四种人生需要之外，首当注重于学校也。
>
> ——孙中山

马应彪的文字，我们已略有见识。行文之严谨、大气，给人以深刻的印象。他的书法，娴熟古拙，挥洒自如，让人感佩万分。可他自幼只读过三年私塾，从此就没了上学的机会，这些成就令人难以置信。可不，一个创兴了中国第一家百货业大公司的实业家，怎能只念过几年书呢？不可能吧。

确实，他的学识，全是靠日后勤奋自学而来的。只能读三年私塾，是家中仅有三块银元。那时，一年学费为一元，三年下来，家中再没银元了，所以，没法再读第四年。他的自传中亦有一句话："因失学而兴学。"

早在先施公司兴办之初，他就特别留心下一代的教育，因自己失学，感到现在的孩子再也不可在教育上欠缺了。其时，香港开课，用的是英文，英文书院则更不用说了，课本都得从英国运来，如没及时买到，还得托人到英国去买，或者寻父兄的旧课本去用。

马应彪得知这一情况，马上让先施公司同有关学院联系，提前获知开课需要的课本名称，先行于英国大量定购。

到了开学注册这一天，先施公司用专车把课本运到学校，分班级把书包好，每包写上定价，以方便学生购买。

先施公司的名声由此传开，不少学校争先来约请，几天之内，文具部所经营的课本便销售了一大半，连专营课本的英华书庄都嗟叹不及。

从此，连香港的学生都知道有一个诚信可靠的先施公司。大半个世纪之后，不少老人回忆起来，都不约而同地说："我们那时都是买的先施公司课本读的书呢。"

与其说这是马应彪的生意眼光，还不如说是他的一片苦心。他不忍看到孩子们被耽误，中国的未来在他们，而他们的前途则在于读书，得让他们顺顺当当地读，一分钟也不受影响才是。

正因为年幼失学，马应彪很看重文化教育。早在澳大利亚，他就愿无偿地当人家的雇员，只为学一口流利的英语，好打开局面。对于自己祖国的文字，他更是倾注了全部心血，学习、临摹、诵读、反复揣摩。而今，他留下的文字，绝非经商范围内很小的一部分，包括四书五经在内的众多古代典籍他都运用自如，以至出口成章。

对祖国文字，不下一番功夫，是难得如此造诣的。对一名仅有三年私塾经历的穷寒淘金人来说，平日又需付出多大的精力去刻苦攻读以充实自己呀！

日积月累，持久不懈，他的中文水平，已远远超出一般人。而这，均是发愤自学所取得的。他积累了丰富的文字学知识，且能在实践中科学地把握汉字使用的效率。仅为扫盲，应付日常生活，有千余字便可以了。而基本上掌握中文，能读各类文章，则要更多。多少呢？中文是以一个个字来拼组成词的，字达到一定数量，绝大部分用词便可以组合出来。中文字不要多，但组成的词却丰富多彩。几千个字，便可以组合成百万个词。不比英文，每个词都不一样，总是不断地出现生词，甚至无法理解。中文只要认得字，也就很快可以理解由字组成的词的意义，自有其优越之处。

马应彪是个有心人。一有心，任何难关都可以攻得下来。

谁能料到，就这么一个仅读三年私塾的实业家，在当日尚无随机函数使用，更无电子计算机进行大量数据处理的情况下，竟可以拿出汉语识字的有效方案，让公司职工学会识文断字。

在先施公司内部，他一手创办了职工的业余夜校，鼓励员工提高文化水平，而且一律免费就读。

在夜校中，他拿出自己独创的“五千字课”，并雇员书写九宫字格，给上夜校的员工临摹。并称：只要你们把这五千字写好记熟，今后中文运用就不发愁了。五千字够你受用一辈子，五千字亦教你可读遍古今文章，同样可让你走遍天下。

他说得非常自信。这种自信，必有科学依据与实践证明。这是他积平生心血所得来的。

后来，他本部的员工，几十年之后，仍不无感慨地回忆：是呀，正是当年学得这五千字，我不仅会读报、写信，还当上了高级职员，再难读的文章，只要有这五千字，必豁然开朗，连字典也无须查。

这五千字，真是绝妙的数！不少著书立说数百万言乃至上千万言的作家、学者，要问起他所识的汉字，大都一言以蔽之：我查过《康熙字典》，五万字中，只识得五千字，才十分之一，但足够了。中文著作数百万，诗词歌赋一齐来，也不过是这五千字的不同组合罢了。

而今，常用的字典、词典，经过严格的科学处理，收录的汉字，也大都是五千、六千五，直至八千而已。而马应彪先生能创办“五千字课”，实在是一大奇迹。经商奇才，同样是汉字辨识的奇才！也许，只有奇才，才足以解释他在这方面的独创。

在公司开夜校，鼓励乡人与同胞免费就读，不仅公司受益，个人也受益不浅。而且，马应彪特别注重员工的文化教育，不仅鼓励他们读书，而且对优秀者量才录用，破格提升。

一句话，用人唯贤，唯才是举，决不看亲缘与门第。你成绩好，很快便可以由“后生”（即做杂工的学徒）提升为售货员，售货员可升柜长，柜长可升部长甚至行长。

在他这种管理机制下，从下层上来，升至行长、监察，乃至升为司理（即经理），亦不乏其人。所以，只要努力，再贫寒无靠，也都是有前途的。

除开“五千字课”外，为让员工学得更好更快，马应彪还专门编印了“同音字韵”的课本。对文盲、失学者的成年人教育，这一系列举措可谓功勋卓著，比起后来的扫盲运动，早了好几十年，实是一先行的典范。可以说，这绝不亚于他在商业上的成功。

马应彪先生平生为人豪爽，且出语风趣，迄今，仍有一句非常精妙绝伦之豪语：“揾钱容易，使钱难。”依广东话，“揾钱”即赚钱，“使钱”即是花钱、用钱之意。这实在是惊人之语，一般人只谓揾钱不易，花钱如流水，他却反其道而言之，且行之，何故矣？连远在东南亚，位于马来西亚的山打根埠，都有人来询问：“这句话是什么人说的？什么人才说得出这样的话？”

得知是马应彪说的，他还进一步追问：“马应彪君是何许人也？”

确实，这句话要出在别人口中，几近荒诞，未免夸饰。可出自马应彪之口，却是实情，是真心。有人是这么解释的：

> 由于一手创立先施，马翁控制相当股权。先施生意，欣欣向荣，一日千里。每年该公司分红派利，皆盈千累万。马翁虽名成利就，进身富豪，仍自奉俭朴，生活简素，咸鱼青菜，乃家常便饭。既无不良嗜好，更无奢侈陋习，故以其个人之消费，的确无法能花尽此源源而来之财富收益，乃有感而发，出此妙语。其克勤克俭，刻苦律己，富而不忘有本色之作风，求诸淑世，至属难能，足资矜式。

这自然不失为一种解释，论者对马应彪的为人可谓深知矣。但是，却未能更深入了解马应彪此语的真正含意。马公此语，不止于此义矣。

作为他的后裔，马文辉老先生另有一种说法，当更为服人，亦可谓“知父莫如子”矣。他是这么说的：其实公司一向业务兴隆，故财源广进，谓“揾钱容易”，但鉴于用得其当的钱并不容易，所以才有“使钱难”一说。“用得其当”，这四个字足以振聋发聩！其当，该当在何处？仅指投入流通使之增值吗？绝不，马应彪的意思不在这个地。他看得更远，也站得更高。非如此，不足以理解他这一豪言壮语。

从到澳大利亚投奔父亲，当淘金矿工，又当菜农小贩，再设果栏，这颠沛流离的历史，已教他看到，中国之弱，在于民智未得开发，故每每为外国人所欺侮，视为不开化之民族。其实，中国是有五千年文明史的古国，比他们的历史悠久得多，只是到了近代，才落伍了，被人瞧不起。所以，每每见外国人凌辱华工，都教他刻骨铭心，发誓要让中国富强起来。

可富强之路何在？

回到中国，他致力于兴办实业，以经商之利，在广州、上海创办工厂。实业救国，不仅是他，也是一代伟人孙中山先生的大志。但是，在外国资本的挤压下，他的工厂大都倒闭了。原因很浅显，不仅在实力上不如人家，在科学技术上也远为落后。所以，在商场上同样战胜不了敌手。人家科技发达，生产快、成本低、做工精，而自己科技跟不上，生产慢、成本高、做工粗，所以失去了竞争力，失败也就不可避免了。他由此深深地懂得，要改变这种落后状态，跻身世界民族之林，务必培养一大批科学技术人才。而培养人才的唯一途径，就是要兴学，办学校。

百年大计，教育为本。教育上没打好基础，实业是兴盛不起来的。没有人才，什么也干不成！不搞教育，中国没有出路。

可惜中国，几千年前就有办教育的传统，甚至可以说是世界上办教育的先师，没料几千年后，中国教育竟如此让人心寒。

“揾钱容易，使钱难”——钱当使在节骨眼上，不可乱掷！所以，他认为，钱就应使在教育上。

正因为确定了这一“使钱”的方向，所以，他便毅然决然地要在全国各地兴办学校，无论在故乡香山、沙涌，还是在香港，在广州、澳门，乃至在上海，他都不遗余力，创办了一所又一所的学校，担任了一所又一所学校的董事，把钱用在了刀刃上。

这才是用得其当！

如同他的先祖爱国精神流芳百世一样，他的兴学重教，亦为后人传颂，令人联想起当日“马氏大宗祠”上的长联：“崖海数流徽，听万顷之潮声，浩浩两间生气涌；沙涌绵世泽，驻三朝之清跸，遥遥千古大忠留。”办教育，乃是忠于民族之义举也。

热心家乡教育

为兴学，马应彪古道热肠，不甘人后。迄今，在家乡沙涌仍能觅得他捐资兴建的多所学校。

在他亲笔写下的志中，他是如此以眷眷之心而示于后人的：

> 若论儿童，则国家之主人翁也，环观强盛之国，必先培养健全之儿童，以厚国家元气，此固积极强种之计划也。苟儿童不善于保养，虽至长成，必为孱弱不振之国民，故强种当自培养儿童得法始也。

这正是高于一般人之见识，可谓一片殷殷园丁之情。他不忘儿时三年私塾对自己一生起步所产生的作用。所以，他首先将自己出生的祖居，改为沙涌在明书塾。

“在明”是他父亲的名字。为此，他亲笔题志为：

> 此书塾是余父之旧基业，即余诞生所在之屋，所谓生于斯，长于斯者也。旋改为书塾，冠以父名，亦寓纪念之意。

将祖屋改为书塾，可见他办学之决心，非寻常也。而今观在明书塾，虽已陈旧凋敝，但伫立在跟前，仍可感受到一个多世纪以来的风霜雨雪，感受到一颗伟大的爱国之心仍在这风雨剥蚀、岁月飞逝之间“怦怦”地有力跳动。虽然他付出的巨大的努力，不能从根本上改变当时教育基础薄弱的局面，但中国教育之希望，毕竟仍在他与众先哲手中萌发、破土，有朝一日，终会成为参天大树！

在沙涌幼稚园前，他留下了一块石刻碑文。今人读毕，无不为之动容，此乃其人格之丰碑也。碑文谨录如下：

木有本，水有源，人有孝思，厥例同邑。应彪系出寒微，素承庭训，壮年经商海外，得信福音，托庇树立，洎归故国，父母健存，正思有以尽乌哺之私，讵未几而先后弃养。呜呼，树欲静而风不宁，子欲养而亲不在，每诵蓼莪诗之父生母鞠，能不黯然神伤耶？爰拨余资，与乡人课辟此公园，纪我先严讳在明，附设幼稚园，念我先慈李氏。从此得与邦人君子，迭坐光阴，切磋孝道，是应彪之志也。圣谓掠美市恩，则吾岂敢。

在建立儿童学习的院地之际，他从海外回来，冲破传统的重重阻力，反拨“唯女子与小人难养也”的旧观念，独资建起沙涌妇女学校，让女子与男人一同享有平等受教育的权利。如他在亲笔志中所云：

此学校因本乡办学最早，男校于清末北京改政兴学时，经已成立，余为发起人之一。但余以男校既有，女校不可独无，遂即继起倡办，并与吾旧屋比邻英灿君，购得相连旧屋两间，连本屋共三间，一齐改建。时乡人传说，谓余建筑洋楼，咸来参观，而不知余建此实为办女校之用也。该校一切设置，亦余一人所担任。

凭此文，可见当日建校之热闹及众人之诧异。“男校既有，女校不可独无”，此种男女平等意识，在当日中国，实为先声。所以，他才大声疾呼：

尝以人伦之始，厥为妇人，治标治本，全在于是。有妇人然后有儿女，有儿女然后有家族，而人群社会国家，皆由一妇人而来，此妇人之重要也。

那时，这些话可谓石破天惊之语，让世人警醒！他不仅在家乡沙涌办女校，还来到香山县城石岐，于1915年创建了香山县第一所女子学校——世光女子高等女校。

二十世纪二十年代末的一天，沙涌忽地热闹起来，乡人奔走相告，欢天喜地，就像迎来了一个盛大的节日。村头，文笔山巍然屹立，在薄薄的朝曦下，竟显得分外挺拔、分外有光彩。村口的树木，也格外青碧，绿叶婆娑，浓荫夹道。喜鹊在枝头“喳喳喳”欢叫不已。

不一会儿，几辆汽车从县城方向驶来，直开到沙涌。马应彪第一个走下车，与众乡亲打招呼。紧接着，车上下来一批饱学之士。马公介绍，他们是土木建筑方面的工程技术人员，都是从香港请来的。

已年近古稀的马应彪，仍精神抖擞，声如洪钟。他兴奋地向乡人宣布，要在家乡大兴土木，建筑西式园林格局的豪华大厦三幢，分别为南源堂、马公纪念堂和在明妇幼院。

他出示了三大建筑的图纸。果然典雅、崔巍，而且中西合璧，令人耳目一新。马应彪宣布：“在明妇幼院，是为纪念父母之志愿而立的，本在思亲日就要创始。只因为觅地一时难得，且因建何院有待商榷，所以公园、幼稚院都先此院而成立。今日，总算圆了此梦。”来人一片掌声。

“我先告诉众乡亲，这所妇幼院，是免费招收我们本村和邻村的女子入学的。几千年，女子被剥夺了受教育的权利。而今，女子上学，仍诸多困难，除开社会压力、闲言杂语外，还被困守锅台，就算开明一点的，也难得出资让女儿读书。所以，我办这妇幼院，就是针对这困难而来的，一律免费，只要肯读书，所有女子皆可在此得到深造。”

大家先是一怔，而后，一齐欢呼起来。在鞭炮声中，马应彪和来宾为三大建筑举行奠基礼。马应彪深情地为基石培上了第一铲土。

没有多久光景，在众乡亲的支持下，三大建筑便出现在沙涌的土地上，成为这个侨乡的一大景致。在绿荫丛中，三大建筑分外醒目与锃亮，如白鹤于绿水中亮翅，若鹭鸶于水田间冲天，让人激赏不已。

更为风光的景致，却是出现在神州大地上。在二十世纪初中叶，中国出现了一批堪称凤毛麟角的女工程师、女科学家、女学者，究其原生地，竟大都是广东，且集中在中山及其近邻地。而她们，有的正是在这沙涌在明妇幼院起步，有的是在中山石岐或广州的女子学校毕业的。她们第一次显示出中国女性的伟大力量。当年，世光女校可是包揽了全县运动会的女子冠军的。

这些几乎都离不开在世纪初倡导女子教育的马应彪，虽然有人说这缘于他受西方基督教影响，但作为一个中国人来说，他的爱国恋乡之情，毕竟更为浓重得多。而中国，本身亦已在呼唤一次伟大的妇女解放运动。马应彪正是这一时代大潮的弄潮儿，手把红旗旗不湿，显示了非凡的身手。

除上述女子学校外，马应彪还是中山女子师范、沙涌学校等学校的校长。在县立中学（如今的石岐一中），他与程祖辉、马永灿、蔡昌等香港商界名流一道，捐献了一幢楼房，共有八间课室。此楼房一直沿用到今天。在省城广州，他是广东女子学校、培道女中、真光女中、一民学校、培英中学、培正中学、广智学校等校的校董。在上海，他是郇光学校、南洋商业高级中学等校的校董。在香港，他在九龙油麻地开办了富民学校，并担任校长；此外，还兼任圣保罗学校、格罗学校的值班。

以上只是挂一漏万，但已是非常惊人的了。这并非社会兼职，而是需要付出巨大的精力与心血，至于投资什么的，更不在话下了。无论他的资本，还是心血，皆可谓“用得其当”。由此去理解他“揾钱容易，使钱难”的惊人之语，你也就不能不敬佩他崇高的人格、开阔的胸怀了。

这就是马应彪，一代巨商，身兼教育家之重任。而且，上面提到的他在教育方面的功绩，还只是有限的一小部分。更重大的惊人之举，我们还不曾提及。

岭南大学首位华人校董

在马应彪看来，儿童教育、妇女教育均是为了打基础，只有基础打好了，万丈高楼才可能拔地而起。

马应彪注重打基础，但更高瞻远瞩，无时无刻不在关注大厦的尖顶处——中国的高等教育。而这一方面，恰巧是当日中国最为薄弱的，最让他揪心的。

一个国家，如果没有自己的尖端人才驰骋在高科技领域，就很难与外人竞争。办厂失败，很大程度上是由于人才匮乏、科技滞后。中国要振兴，当培养出自己的科技尖子。而这实有赖于高等教育。

因此，马应彪成为岭南大学董事会首位华人校董，可谓在中国近代教育发展史上留下浓墨重彩的一笔了。

岭南大学的历史，可追溯到1887年美国长老会传教士哈巴安德于广州创办格致书院。1899年底，钟荣光出任书院汉文总教习。翌年，书院迁往澳门，这一年正值马应彪在香港创办先施公司。1904年，书院以“岭南学堂”之名复迁广州，于河南康乐村(今中山大学南校区)购得永久校址，学校在此开始了近半个世纪的办学历程。起初，岭南学堂的校董清一色是美国人。钟荣光与美国人一直有矛盾，有斗争，他一直主张“中国学校由中国人自己来办”，因此想方设法夺回岭南大学的教育权。为此，他几下南洋，募集办学经费，并大力宣传这一主张。

马应彪与他是故交，自然大力支持他这一主张。所以，钟荣光一建议他出任董事会中首位华人校董，他便感到责无旁贷。而这，则成为收回学校的重要一步。

在全部是美国人担任董事的董事会里，华人要跻身其中，成为董事，断非易事，这不仅要有巨大的名望和大笔的投资，还需要坚实的基础与各方的支持。

但马应彪看准了，无论付出多大的代价，只要有朝一日能收回岭南大学的权利，归中国人自己所有，那便是值得的。跻身其间，纵然声音微弱，但毕竟开了个头，就好开展斗争了。

历史为他提供了一个有利的契机。1917 年 7 月，孙中山先生从上海来到广州，组织南下的议员成立了“非常国会”，“非常国会”于广州成立了军政府，以孙中山先生为首脑，称为大元帅。马应彪出任大元帅府的筹饷委员。

恰值钟荣光这一年回国，出任岭南大学的副校长（当时称为副监督）。校长为美国人晏文士，对钟荣光的言行进行种种限制、约束，但大的形势不同，况且钟荣光又是孙中山的故交，得到省政府和各方面的支援，晏文士的制约也就起不到多大作用了。钟荣光趁此机会，为扩大华人在岭南大学中的力量，进行了不遗余力的斗争。

学校的基本建设经费几乎全靠捐款，而所有日常行政和教务所需经费，除“美国基金费”之外，全靠学生缴费，数额并不多。因此，学校财政面临很大困难，钟荣光只好亲自向大元帅孙中山与广东省长朱庆澜请求援助。

虽然孙中山领导的军政府经费也非常拮据，得靠借款和华侨捐款才能勉强支持，但孙先生闻讯，仍立即拍板：支持办教育，元帅府责无旁贷，我带个头，捐两千元给岭南！

身为大元帅府筹饷委员的马应彪早期就曾为学校捐资建宿舍，此刻更是义不容辞，他提出：当为岭南大学独资捐助几大建筑，以解中国人办学之困厄。于是，他亲临岭南大学，在钟荣光的陪同下，了解校情，做出决策。当时校友子弟均来自港澳及东南亚，他们的父母来校探望子女时，因交通不便，需多次转乘，舟车劳顿，苦不堪言。

马应彪了解到以上情况后，当即表示：我先带头独资捐献一个招待所，方便学生父母留宿，免得他们颠沛奔忙，也让他们与子女好好团聚，以享天伦之乐。于是，一幢“马应彪招待所”便破土动工，并很快落成了。

不久，因目睹患病学生，往往须送香港医治，误了时间，便十分危险，于是捐资 1.5 万元，以夫人名义，建立一个护养院，以便学生就地留医。还请了名医于校内出诊，免却师生往返粤港就医之麻烦。就这样，“马应彪夫人护养院”出现在岭南学校中。

1917 年 11 月岭南学校的《大观》布告第十四号，在第一、二页间的插页中，刊登了马应彪先生的照片，两侧则记载了护养院捐献事宜。原文照录如下：

> 马君为吾粤商界泰斗，亦慈善大家，本校从前筹建小学宿舍及遣学生筹款，与夫组织维持会，皆得先生之力为多。近更独捐一万五千元，以建学生护养院，热心高义，卓然可风。

用后人的话说，马应彪就此“创该校独资捐建整座建筑之先河”。

由于钟荣光的游说，孙中山先生与广东省政府的支持，岭南大学短短一年间便建了四座中学生宿舍。

马应彪还同陈嘉庚、陆佑、蔡昌等十名侨商，捐献了有名的“十友堂”。

据马应彪自志：

> 此学院因岭南向有农林科，惟无农科，旋得各友醵资捐助，每人港纸一万元，余为十友之一，而该堂以十友称，盖顾名思义也。该堂开幕，由校长钟荣光君，聘余主礼，以余出身农圃，侨居亦喜务农，且又曾任该校农科学会主席，而该院建筑亦为余司库，成立经过，知之较详，故以典礼相属。

请马应彪当主礼，自是钟荣光一片诚意，亦为苦心——因为他为该校捐助之巨，远在他人之上。借此机会，钟荣光借助省府及有关方面的力量，加上马应彪的贡献，终于实现了变该校为中国人所有的第一步——让华人进入校董会。

1919 年，在美国纽约印刷的岭南大学的纪念册上，扉页上写了一句话，译过来是：中国，是打开世界未来之门的钥匙。在纪念册第 23 页，印上了马应彪先生的照片，并且写下了如下文字：

> 马先生，中国的温拿墨家先生（美国第一家百货公司的创始人），先施公司之首脑，在上海、香港和广州均开设有很大的百货公司。马先生是一位目光远大、胸襟开阔的基督徒，而且是该校的热心支持者，并于 1918 年成为该校的一名董事。

中外史料的可靠记载，证明了马应彪在岭南大学中国化的历史进程中所起到的不可低估的重要作用。

创立岭南农科大学

担任岭南大学唯一的华人董事，对马应彪而言，仅仅是走出了第一步。他知道，孙中山先生一生最关注的乃是中国的农业问题、农民问题。连孙夫人宋庆龄也说过："孙中山是从民间来的……他生于农民的家庭……就在这早年还是贫农家里的贫儿的时候，他变成为一个革命的人。他下了决心，认为中国农民的生活不该长此这样困苦下去。"

马应彪本人也是一个贫苦农民的儿子，"以余出身农圃，侨居亦喜务农"。因此，他见岭南大学设系开课的现状，主动向钟荣光提出："孙中山先生非常关心中国的农业，惟有农业发展了，农民的生活才不至于如此贫困。至今，中国仍是个农业大国，农村人口占全国的八九成之多，而粮食竟不能自给，原因则在于我们的农业生产还十分落后，同我在国外所见所闻相比，无论是水稻、果树，还是畜牧业，产量都非常低。要改变这种落后状况，就必须培养出一大批——是一大批，不是一小批，更不是几个，优秀的农业科学技术方面的人才，否则，就别想有什么改良。我们应当在岭南大学开办农学院以及附设农职班，把高等人才与急用人才一道结合起来培养。"

钟荣光立即表示："马君很有眼力，创办农科之目的，一面养成实用人才，一面改进农民生活。大处着眼，实处着手，相得益彰。"两人便行动起来。

没料，这一动议刚提出来，在董事会上便遭到了美国董事们的反对。马应彪是董事会中孤立的一票，即使加上钟荣光的支持，在校内上层的力量，可谓众寡悬殊，不足以对。

美国董事们纷纷提出：举办农科，分明是得不偿失的举措。我们美国人讲实际，得不偿失的事决不能干，这是必置大学财政于困难境地。农科人才，在中国的汪洋大海中一下就沉没了，根本发挥不了作用，无利可图，也改变不了什么。

马应彪据理力争：“正因为中国大，又主要从事农业，一个农科人才，就有可能发挥十个人才的作用，事半而功倍。这乃是中国的当务之急，要看大利益，不可只见眼皮底下。”

美国董事又说：“我们用庚子赔款办学，就是要开化中国人，让这里出去的中国学生，去接受西方的文明，也就是说，应有利于我们美国。事实上，这里出去的人才，不少已在我国的公司、机构里发挥了作用，对美国是有利可图的。可办农科，美国还需要农科人才吗？农科人才在中国，也能为我们美国服务吗？请你们别忘记，办学的钱，还得靠我们出，无利可图的事，美国人是不会干的。”

说得如此露骨，这也许是美国人直率的本性使然，但马应彪仍坚持：一所大学，增设农学院，只会使这所大学更完善，更有规格，更有号召力，招收的中国学生也就更多。中国学生在这方面的兴趣本就很大，学校办在中国，就得考虑中国的实际情况。无论从长远着眼，还是看眼前利益，办农学院只会有百利而无一弊，何乐而不为？

钟荣光也表示：马董事这一建议，我是坚决赞成并决心实施的，农科非办不可！

美国董事终于翻了脸：如果马董事、钟副校长坚持要办，可以，我们不管，全部不管。也就是说，我们董事会，绝对不承担办农学院经济上的责任，话说到此，就此为止。

董事会不欢而散。

美国董事以为，采取如此强硬的态度，马、钟二人决不敢再擅自做主，办农学院的事，也就会流产。可他们太不了解中国人，太不了解马应彪与钟荣光了。

开弓没有回头箭。马应彪表示：校董会不出钱，我们就自行筹款好了，我就不信靠我们自己的力量办不起来。钟荣光便说：这样更好，农学院便可以彻底摆脱外国人的约束，单独组成中国人自己的农科大学董事会。这样，还可以为今后最后收回岭南大学管理教育行政权做准备。

马应彪大笑："他们以为下了一着妙棋，其实，是臭得不得了。正好暴露了他们办学只为他们服务的狼子野心，逼我们更快、更早地放弃对他们的幻想，自立起来。这对我们来说，反而是一件大好事！"

于是，两人全力以赴，筹集经费，走出自己的一条路。时机也很好，南方军政府在孙中山主持下，正日益巩固。军政府的财政部长廖仲恺，同马应彪相交甚厚。1920 年 12 月，陈独秀应邀来到广东，出任省教育行政委员会委员长（相当于今日之教育厅长），提出了整顿革新广东教育的计划，要旨则在于创办大学与因地制宜。其时，钟荣光兼任省教育会副会长。在创办大学与发展社会教育方面，陈、钟两人一拍即合。这样，马、钟二位，在财政、政治上均得到了有力的支持。

加上在华侨等各方面的发动，好消息可谓接踵而至。军政府财政部长廖仲恺决定，由省政府拨给开办费 30 万元，以后每年补助常年经费 10 万元。另外，还拨给了土地 900 亩，以建立农林试验场。

这一举措，充分表明了当时以孙中山为首的南方政府高度的民族精神。这些给了马应彪、钟荣光以巨大的鼓舞。

但在纽约的董事局，仍旧无意扩办岭南农科。马应彪、钟荣光便按原先已商定的方针，正式由中国人组成岭南农科大学董事会，负起学校的领导与经费筹措工作，马应彪担任筹委会主席。得知这一决定，四方迅速回应，办学经费终于筹集到位了。1921 年，岭南农科大学成立，马应彪兼任司库。

1927 年，全国反帝斗争达到高潮，岭南大学终于最后收归中国人自办，成立了新董事会，孙科任董事长，钟荣光任校长，岭南农科大学改归本部，称为岭南大学农学院。

无疑，农科大学的建立，为最终收回岭南大学做了必要的准备。其时，钟荣光出任农大的校长，马应彪则是农大董事会的主席。农科大学迅速设立了中国独有且急需的蚕丝科，后又筹建了农牧场所。

很快，农田、园艺、畜牧等系也建立起来。这些，都是马应彪所重视的。

马应彪以自己的经历，给学生们讲述了在海外的感受：相比之下，我国的农业是太落后了，无论是水稻、园艺，还是畜牧等，各方面的产量都很低。如水稻方面，每年“上四下六”就算是丰年；而果树方面，因管理不善，又没有认真改良品种，一些知名的水果，如荔枝、龙眼、黄皮等，质量下降，甚至退化；而畜牧上，猪、牛、羊、鸡、鸭、鹅等，同样因为没改良品种，大大逊色于欧美先进国家。所以，你们作为中国最早一批农学方面的科技人才，是大有作为的。走强国之路，农业上不去，就无从谈起了。国人都殷切地期待这方面有一个大改变！

身为校长，钟荣光亦身体力行。当时，中山大学也开设了农学院，两院相比，各有所长，如能相互取长补短，则都能得到更长足的发展。在农田系，中大有水稻专家丁颖指导工作，开展较好；而在园艺与畜牧上，岭南农大则延请著名的园艺家、畜牧专家当教授，如檀香山园艺专家理查德·林（林金意）教授，且有设备较为完善的畜牧场和园艺场。于是，双方洽商，中大开农田课时，岭大的学生可去听课、学习；岭大开园艺与畜牧课时，中大的学生亦可来岭大的畜牧场与园艺场听课、学习和参观，甚至可提出问题向教授请教。这一来，两校学生都受益匪浅，对教学也都带来了便利。

短短几年间，岭南农科大学在教学与科研方面的成就，可谓硕果累累。农田方面，在丁颖教授的指导下，研究出“中山一号”“青梗兰”“东莞白”等优良品种。其中，“中山一号”产量突出，一造亩产便可达五六百斤，在当时可谓高产。园艺方面，培养出的岭南木瓜，身长、无核、肉多，且味美鲜甜，在市场上颇得中外人士青睐。畜牧业方面，引进了英国约克夏猪，经过改良，饲养时间短，长膘快，每头均在500斤以上。引进的荷兰奶牛，每头每天出奶量在80磅以上，远近驰名。同时，还将广东出名的良种肉食鸡，如水东鸡、惠州鸡等，配种培养出新品种“广东鸡”。这种鸡每只都重二至三斤，肉嫩、骨软，深受食客喜爱。

另外，还培养出了不少鲜花品种，园艺场内，百花齐放、争妍斗艳，大种菊花及水仙，更是冠压群芳，别具魅力。

这一系列的科研成果，有力地证明了马应彪与钟荣光坚持开办农学院不仅眼光独到，有先见之明，其方针与方向也是非常正确的。

毕业的学生，很受欢迎。其中一部分被省农林局与国营农场“抢”去，被委以重任，继续研究所长专业，从而推动南方农业科学的发展。其余的，全都派去南方各省做基层工作，在所属各县办了不少示范农场，推广良种，将科学知识传授给当地的农民，让他们开眼界、长见识。

总而言之，岭南农大的创办，不仅为国家培养了一批专家教授与科研骨干，而且为华南农民在改良稻种、推广瓜果优良品种及农产品加工等方面，做出了杰出的贡献，有着开创性的成就。

这一切，与马应彪、钟荣光的苦心孤诣、惨淡经营、四出奔走是分不开的。

1923年，在战胜粤军陈炯明后，孙中山重返广州，重建大元帅府。他对岭南农大殊为关心，在日理万机之际，两次偕夫人宋庆龄来到岭大视察，并对全校员工发表了演说，勉励学生：要做大事，不可要做大官。还要学生学习黄花岗七十二烈士的精神，为国家、为人民，竭诚服务，当牺牲时，亦义无反顾。

凭此，可见孙中山先生对岭南农科大学的高度关怀与殷切期望。

如前面所提到的，岭南农科大学的创立，为最终收回岭南大学迈出了关键性的一步。马应彪之后，董事会增加了两名华人董事。1924年，钟荣光赴美为岭南农科大学筹款。在致《少年晨报》主笔时，钟荣光理直气壮地提出：

> 岭南则并非美国政府及教会所办，其始只一二美国传道中国之牧师所发起，托某教会管理。其后脱离教会，在纽约改组董事局（1893年），担任筹款与派教员等事。至今董事屡易，全赖三五名望人勉力维持，并加入中国董事三人协助，至执行部则设在岭南校内，中国任部员者逐年加增人数，但使我国人筹有的款，担保不至停歇，或至变置。此外并无难题，随时可收回自办。

他向华侨们再三呼吁：

> 收回岭南之第一步，即今岭南农科大学，……再进而收回岭南之教育科、商科各立一大学，更进而收回岭南全校。……光服务岭南二十五年，由学生而教习而至今职，自信深知底里，苦心全力，收回岭南自办为唯一之目标。幸农科大学成立，第一步已达到矣。……大家鼎力，则收回外人在中国所办学校，当以岭南为嚆矢。

由此可见，岭南农科大学的创立，不仅仅是自身在农科方面的发展，更重要的是，为维护民族主权起到了关键性的作用。众多关于农学院的纪念文章，均没有提及这一点，是令人抱憾的，所以，笔者在此重复再三，以引起人们的关注。在办学上，马应彪亦无愧为民族志士矣。

终于，1927 年，岭南大学收归国人自办。马应彪的心愿终于实现了。后来，岭南大学迅速发展成为拥有文学院、理学院、商学院、农学院、工学院、医学院的综合性名牌大学，为中国的高等教育写下了辉煌的一页。

后人没有忘记马应彪与众多先行者在岭南大学所做出的奉献。后人没有忘记，当年中国人第一次在岭南大学的组织章程中，力敌千钧地写下自己的宗旨：

> 本校由本国人全权管理，施行人格教育，养成科学人才，适合中国之需要为宗旨。

这些，都是应该用如椽大笔，写在中国的教育史上的。如今，岭南大学培养出来的大批高级人才，业已遍布全世界。

1989 年，由中山大学提议，经国家教育委员会批准，中大设立了岭南（大学）学院，伍沾德出任中山大学岭南（大学）学院第一届董事会主席。伍沾德谈道：

> 我在小学时曾在岭南大学聆听孙中山先生的训话，孙先生勉励岭南人要立志做大事，但不要做大官。现在看来，做大官的岭南人不多，但功成名就的专家学者，却是遍布天下。

马应彪的后人，亦对岭南大学一往情深。1989 年，马应彪先生的哲嗣马文辉先生，决定捐资 10 万元人民币，在其父数十年前捐建的“马应彪招待所”上，添建第三层，加层面积为 121 平方米。整个工程，当年 8 月便正式竣工。

马文辉先生继承了父亲支持岭南大学教育事业的志向，并表示马氏一家世世代代不忘母校之深情——马应彪的后人，亦有不少毕业于该学院。

1991 年，马文辉先生及其夫人卢雪儿决定捐资 28 万元人民币，将“马应彪夫人护养院”添建为三楼。

与此同时，他们还设立了“纪念马应彪奖励金”用以奖励教职员工中工作成绩卓著者。如果说，添建新楼是硬件，那么，奖励金则是软件，它所产生的精神效果，更是无可估量。可以说，这更有远见卓识。.

中山大学校长黄焕秋在颁奖大会上激动地说：

> 马应彪先生是著名的爱国侨领、先施公司创始人，曾任孙中山先生的军需官。从 1918 年起参加岭南大学董事会，成为首位华人校董。马应彪先生生前热爱祖国，热心支持祖国的教育事业，在国内外具有广泛影响，令人尊敬。今天，也正是马应彪先生诞辰 126 周年纪念日，在这个时候举行颁奖大会，对缅怀先贤业绩，激励后人奋进，同样是很有意义的。

他对热心祖国教育事业的马文辉先生及夫人卢雪儿医生表示了衷心感谢。

曾于岭大任教的谢扶雅老学长，可谓与岭大同岁，他专程从海外归来参加岭大百年大庆，并在广州举行他的百岁祝寿茶话会。马文辉亲临叙谈，他不胜兴奋之至，欣然应诺为“马应彪招待所”添建三楼作诗纪念：

马应彪招待室添建三楼喜赋两首

前尘脚印不难寻，六十五年数至今。
叙记应彪招待室，张筵会友畅谈心。

佳儿香岛一名流，美髯休休何处求？
纪念九泉贤父母，孝思更上一层楼。

十年树木，百年树人。如今，马应彪“实业救国”至“教育救国”的遗志正在进一步地实现。我们仅从百年校庆的纪念刊上就可以看到，岭大桃李满天下。

仅其间提及的科技与文化名人，为我们所熟知的，便有梁宗岱、钟敬文、聂绀弩等，知名生物学家江静波、中科院院士卢永根等，数不胜数，不少任职于海外名牌大学教授。跻身《世界名人录》的，据不完全统计，亦有近百人之众。

他们都牢牢记住校训：今之学者为人。他们更十分理解，为人者，非以役人，乃役于人。所以，才有那么高的造诣与成就。

多少校友，迄今仍一同在唱《岭南毕业歌》：“世路同携手，勿作风云散，母校从此别……奋志当前！”

九泉之下，马应彪听到这响彻云天之歌声，当为之快慰矣。

第六章　拳拳之心

植榕防潦

前一章所记，孙中山先生曾嘱岭南大学的师生，要做大事，不要做大官。

马应彪同样将这嘱托牢记在心。他一生的经历，可以说，是完全实践了这个嘱托，未曾高官厚禄，却有高功丰碑，干了无数桩大事。

亲情、乡情、爱国之情，铸造了他一颗炽热赤诚的心，敞开了他宽广博大的胸怀。中华土地上，写下了他一片片眷眷之情。且不说他的分行、支店、工厂遍及全国；他的足迹，留在了白山黑水、长江黄河之间；而他在教育上的心血，更是绵延一代又一代人。

孙中山先生的侍卫郑卓德先生，在109岁高龄之际，曾深情地回忆起这么一桩往事。

1915年，袁世凯公然违抗历史潮流，复辟称帝。其时，孙中山先生流亡日本，革命处于低潮。

正在这时，广东发生了特大水灾。灾情之严重，比十年前更甚。洪水冲决了堤岸，吞没了乡村，淹没了城镇，大片农田失收……大水上，漂浮着无数具肿胀的尸体，有人，也有牲畜，惨不忍睹；而被冲塌的房屋、梁柱、窗棂、木块与其他杂物，也同滚滚洪水冲到了珠江口上。纵然有打捞尸体的船只，可是仍应付不过来。

消息从国内传到东京，孙中山忧心如焚，经过数次武装起义，他的家产与华侨捐献已所剩无几，没法再拿出来救灾了。而当时盘踞广东的，却是袁世凯所派遣的龙济光，他只假惺惺做了一点表面文章，其实对百姓死活漠不关心。靠这号人救灾，显然是问道于盲。

怎么办？孙中山马上就想到了马应彪，想到了在香港的众多支持过辛亥革命的侨商。于是，他立即赶拍了几封电报到香港，给马应彪、李煜堂、何东等先生，恳望他们以香港同胞的名义，火速投入救灾之中，拯人民于水深火热之中。

马应彪已经在筹划这次救灾义举了。九年前，1906 年，他在先施公司草创之日，便已慷慨倾囊。此际，先施公司家大业大，岂能坐视不管！

孙中山先生知人善任，果然找对了人，找到了这么些热心公益事业的巨商。马应彪不仅捐出了巨款，还以港胞救济粤省水灾的名义，如 1906 年一样，再度向港督要求借用船艇、向有关部门租用船只，用以运送救济物品。等龙济光派船来接只是徒费时光，不如争分夺秒，及时把物资送出。于是，马应彪亲自带队，率救援船只，溯流而上，直奔灾情最严重的地方。

船队出发了。一路上，只见滚滚黄汤。波涛中，不时涌出上游冲下来的东西，黑的、灰的、黄的……依稀可辨。

“快，那边有人抱着门板在漂。”马应彪眼明，赶紧下令。

船只飞也似的接近了灾民，待把人打捞上来，已气息奄奄。救灾船继续往前开，一个礼拜下来救出了不少难民，也捞起了不少尸体。

“就近埋葬吧，入土为安，不可教他们在水上漂浮，连灵魂也无家可归。”马应彪一脸悲戚，心痛如绞。

这一路上，实在是太惨了。老人没了儿女，儿童哭寻父母，丈夫找不到妻子，到处都是号啕、呻吟、捶胸顿足。

为什么年复一年，水患不已呢？军阀只忙于争地盘，官僚只急于夺权力，百姓死活是不顾的。沿江堤岸，早已失修多年，洪水一到，有不决崩之理？

看着一处处被冲决的大堤崩口，马应彪脸上如打了霜般严峻——这要付出多大的人力、财力，才能够修复呀。一连几天，他不吃不睡，奔走于救灾第一线，也在思索日后防患的问题。

回到香港，一闭眼，面前仍是浊黄的大水、浮动的饿殍，耳边满是灾民的哭诉。

乙卯大水后的第二年，马应彪的父亲马在明去世了。忆当年，父亲被“卖猪仔”到澳大利亚，后以三十五元接自己到悉尼，历尽人间辛劳。每思至此，马应彪哀恸不已，如他在自志中所云：

> 树欲静而风不止，子欲养而亲不在，每诵蓼莪诗之父生母鞠，能不黯然神伤耶？

为表孝思，马应彪在先施公司内发起了“思亲节”，每年清明于公司顶楼举行“思亲节”的仪式。这一晚，家人、亲属在家中吃一顿饭，一同缅怀先人。

这天，他来到香港的半山区，不意看到，在半山腰，当地人为了防止山泥倾泻引起泥石流，已堆砌上不少岩石。但岩石还是会松动的。可有的地方，由于长有榕树，榕树的根须往四面八方伸展，其中不少裸露在外，紧紧地扣住了周围的岩石，把树边数以百计的岩块连在一起，固定下来。

岩石分外坚实，风雨不动。他不由得看呆了！

多么伟大的榕树！这在南方比比皆是的大树，生命力之旺盛，实属令人吃惊。它雍容、丰盛、博大，哪怕在没有泥土的地方，都可以凭借自己的树根，直垂地面，抓住岩石，顽强地生长。

立时，一个想法，如闪电一般从他脑际掠过！是呀，如果在沿江大水为患的地方，多栽种点榕树，那必能叫那里的水土保持得到改善，尤其是堤坝上。

植榕防潦！四个字，字字千钧！在珠江各支干流上，有这四个字，足以抗御滚滚洪水。

他立即设法通知尚在岭南大学附小读书的儿子马文辉去干一桩重要的工作。

那年暑假，年少的马文辉按照父亲的嘱咐，带上新到手的照相机，来到香港的罗便臣道、坚道。凡看到有榕树的根须盘缠住的石块，一一用相机拍下来。烈日下，马文辉不顾汗流浃背，一丝不苟地完成了这一任务。如是共拍下了400多幅照片。

很快，马应彪对照片作了处理，并亲自手书“植榕防潦”四个字，直接送到孙中山先生手上。

1917年，孙中山回到广州，组织护法政府。当他看到照片上，榕树盘根错节，把就近的岩石紧紧地连在一起，便明白这是天然的防洪屏障。他很是兴奋，广东处处是榕树，生命力极为旺盛，往那一种，便团团如冠，非常适合地方实情。所以，中山先生极为重视，马上将此建议书交水利部门讨论落实。

1923年，潮汕地区发生水灾，马应彪亲自视察灾情，一一探问发大水的原因与后果。华北水灾，也有他亲赴救灾并任筹赈会主席。

他一有空，便在香港专心致志书写《植榕防潦》一书，从科学与实践多个角度说明种植榕树与防治水患之间的重大关系。

他的心，装着亿万中国人民。在书中，他还建议政府在清明节举行种植榕树的活动。其理由有二：一是清明扫墓，种树以彰孝道。二是以种植榕树预防水灾，还可以保护环境，调节气候。可为一举多得。救济赈灾，仅是事后补救；植榕防潦，则是预防在先。后人记叙此事，称“《植榕防潦》一书，甚得孙中山先生赞许”。马应彪的用意，百年后仍教人感佩不已。

造福桑梓

除开办学、救灾外，马应彪在关心国民前程与疾苦上，还有大量的义举。这里，只能挂一漏万了。

前面已经提及，早在1918年，马应彪便以夫人名义，捐献了“马应彪夫人护养院”，以方便学生就地医治。

国民体质之弱，早在国外他便深有体会。淘金时，病倒、累死的，相当一部分是中国人，而西人只在少数。体育竞赛，中国在世界上排不上名次，后来更有所谓“东亚病夫”之称。

其实，也是清廷无能，坐视列强往中国倾销鸦片，百姓屡受掠夺、盘剥，生存已是不易，遑论强身健体？

因此，除办学外，马应彪倍加重视兴办与捐助医院，以减缓病人的痛苦。他在家乡县城石岐一手创办了香山岐光医院，亲任主席。他担任了广州红十字会的主席，广州方便医院、光华医院、广东公医院、中山惠爱医院的经理。他还是香港雅丽氏何妙龄医院的财务主任。在澳门东望洋，他捐资建造两间房屋，施与贫苦百姓居住。凡此种种，不一而足。

这些医院，均不是为达官贵人所服务，而是面向贫苦百姓的。这自然同马应彪自幼贫寒，吃尽人间穷困之苦密切相关。他与所有贫苦百姓都是亲兄弟，这不仅仅出于基督精神，更是一片哀悯之心，民族之良知矣。

所以，他曾自书道：

> 回溯往事，皆余生平经历者。余今行年八十，有某尔，独居深思。回首往年环境，经过百世之行，历历在目。切念余出身寒微，为本其勤俭之天质，坚苦之志向，以致有今日，曾对于家庭，对于商界，对于社会，对于国家，均可稍告无罪，此则可觉为自信自慰者。

谦虚之辞，亦可见真心之所在矣。晚年漂泊之心境，细细品来，其人格实教人肃然起敬。

至人也！故国心系，乡土情深。对家乡沙涌，马应彪自是无愧。后人早已有过评价：马翁（应彪）对于故乡沙涌之建设，皆莫不大力捐助，梓里亲邻，照顾无间，与邻村竹秀园之郭氏兄弟，互相媲美。沙涌人民亦公认他素爱桑梓，热心家乡公益事业，造福乡人，建树之宏大，为沙涌历史上所空前。

乡亲如此之高的评价，绝无虚饰、夸张之辞。马应彪之善举，一一数来，无不令人钦服。

修桥铺路，这是中国人历来行善的要目。旧时，香山乡间交通甚为不便，出入多靠船只，辗转交替，又费时间，又误大事。外出更是不便，去一趟省城，都花上近十个钟头。1927 年 6 月，中山三乡桥头村人郑芷湘见中山公路交通不畅，联同中山人郑礼卿、吴梅一等六人，发起筹建中国第一家路权产权自主经营的民营车路公司——岐关车路公司，经营汽车运输。马应彪、郭乐、蔡昌等踊跃捐资。岐关公路通车后，乡民出行方便许多，由石岐到中山其他地方和澳门的时间大为缩短。

他还斥资开办香港四邑轮船公司，修建大悲桥，凡是水灾造成危患之险处，他无不关注。尤其是故乡沙涌，除开办学外，他更重视乡村道路的修建。

所以，沙涌乡的路，很早就铺上了石板或水泥，路面平坦。把车开上沙涌道，对司机无异于享受。

路好了，校办了，整个人文环境也得“配套”才行。马应彪比一般人更早有环境保护的观念。他不仅仅从实用出发，而且从更长远的美化环境考虑。于是，他一手兴建了沙涌公园。

公园里，绿叶扶疏，百花争妍，鸟鸣啁啾，清风送爽……经一番匠心，布局让人心旷神怡。多少疲劳，均可以在此一洗而尽；多么奔忙，亦可以在这里得到休整与憩息。

马应彪没有忘记，1880 年，自己手攥父亲捎来的三十五元，在此远别母亲，去闯荡天下。那时，母亲在涌边垂泪，并亲自往庙里参神许愿——这一情景，几十年无时无刻不现于眼前，而自己，当时也立了誓，如不挣回两千元回来光宗耀祖，誓不为人。

苍天有眼，此番心愿果然得偿。

于是，他又作一义举。

1841 年，英国占领香港岛时，岛上人口不过数千人。此后华南地区移民香港者不断增多。至 1862 年，香港华人总人口已增至十万。华人中信教者也随之增多。据学者统计，到十九世纪末，华人基督徒大约为 1200 人。当时香港有专门为欧美的基督徒而设立的坟场，不信教的华人也有专门的坟区。而华人基督徒，由于殡葬过程中涉及的仪式，如焚香、烧纸等习俗，与基督教信仰格格不入，他们既不能葬于专为欧美信徒设立的坟场，也不容于一般华人的墓地。直至 1858 年，港英当局同意在香港岛的西区设立专供华人基督徒的墓地。1882 年，香港当局另批香港岛西部的薄扶林一带山冈为华人基督徒坟场。1915 年香港基督教联会成立，薄扶林坟场归教联会管理。薄扶林基督教坟场是香港迄今历史最悠久的华人基督教坟场，许地山、蔡元培等均葬于此。

按西方基督教传统，坟场与礼拜堂是不可分割的，坟场必设礼堂为死者举行安息礼拜。因此，一旦有信教华人去世，无论烈日如焚，抑或暴雨倾盆，家属都要在坟前举行安息礼拜。

马应彪还在悉尼的时候，便归信耶稣，成为一名虔诚的基督徒。1914 年，为纪念早逝的女儿如飞，儿子日荣、文德、少强，马应彪在薄扶林基督教坟场捐赠礼拜堂“马合念堂”。礼拜堂规模虽小，但五脏俱全。后来，会众日增，马应彪自觉面积小了，遂扩建为大礼拜堂，但仍以“马合念堂”为名。创立至扩充，均由牧师张祝龄执笔，刻石为序。

“马合念”是英文 Mahanaim 音译，今日多译作“玛哈念”，典出《圣经》“雅各出埃及记”。Mahanaim 是约旦河东岸、雅博河北面的一个地方。雅各出埃及途中，路过此地，已日落天黑，不便前行，只好露宿旷野。昏昏沉沉中，雅各看见天使站在他身边，对他说：

我是耶和华上帝，我要将你现在所卧之地赐给你和你的子孙后代。你的后裔必将多如地上的尘沙，向东西南北扩展开去，地上的万族必因你和你的后裔而得福。我也要与你同在，你无论往何处去，我都要保佑你，领你回归此地，总不离你，直到我成全了对你的许诺。

雅各醒后，许愿道：

如果上帝与我同在，在路上保佑我，又给我食物吃，衣服穿，使我平安返回家乡，那我就一定以耶和华为我的上帝，我所立的柱石，也一定要成为上帝之殿，凡上帝赐予我的，我必将十分之一献给上帝。

这个典故让马应彪深为感动，他想起当日离别故土的情景与立下的誓言。马合念既有受神保护之意，马应彪便用来为自己捐造的礼拜堂命名。

第二次世界大战中，马合念堂被日机炸中。战后，马应彪儿子马文辉与其他兄弟反复商讨，认为必须继承父亲的遗志，便积极与教会商议重建。

从首次建堂，到第二次扩建，为 16 年。从二次扩建，到战后重修，也是 16 年。这三次，均由张祝龄牧师将序文刻上石碑。

风雨剥蚀，石碑上的字免不了被磨平，但是，马应彪的一片深情，却是一代又一代人所未可忘却的。人心中的丰碑，敌得过尘世间的任何风雨。

1981 年，马应彪在沙涌的房产南源堂、在明纪念堂、妇幼院等三幢大厦，根据政策发还其后人。是年，马应彪第四子马文辉偕侄子马健南博士初次回乡，便慨然借出妇幼院改建为先施学校，帮助家乡解决校舍困难。先施公司副总监督马少聪（马应彪九子）向董事会建议，拨款人民币 15 万元用于装修学校，并赠送全套的教学设备。马健南博士为先施学校竭精竭虑，热心筹划之余，还应邀为中山县教育局和先施学校联合举办的暑期教师教材研究班授课，被誉为“有先祖作风”。

先施学校的师生们，纷纷题诗以志，不妨照录若干。

马文辉公雅鉴

马到功成蜀道平，文笔指处伏长龙。

辉煌伟论千夫敬，公孙三代助乡荣。

马少聪先生台鉴

马公光业嗣谁兴，少东赠裘显隆情。

聪训同来扶桑梓，先施办学树新龄。

诗赠马健南博士以表崇高敬意

谢声不绝赞声扬，马不停蹄办学忙。

博学多才人钦敬，士满神州为国强。

1988年，沙涌村重修“宋帝遗迹”牌坊和“侍郎故里”牌坊。1992年，沙涌旅港马氏宗亲三百余人回沙涌庆祝当地落实华侨房屋政策及镇龙阁奠基。后人撰及此事，不忘当年掘井之人：

沙涌之所以成为侨乡，与华侨先贤马应彪有鱼水关系。饮水思源，环城区办事处、沙涌村民委员会、香港中山沙涌马氏同乡会，为沙涌村重建古迹“宋帝遗迹”“侍郎故里”牌坊落成暨退还沙涌学校、教忠堂产权、马应彪先生诞辰125周年定名一二二一节日（编者按：一二二一是指马应彪先生诞辰12月21日）作纪念、镇龙阁（古塔）奠基举行盛大庆典，实为明智之举，意义殊为深远。

马应彪先生的女婿郭棣活，新中国成立前在上海永安纺织公司先后任工程师、副经理、副总经理，“文革”前后两度出任广东省副省长。得悉马应彪后人在家乡创办先施学校，郭棣活亲临祝贺并写下贺词：

喜闻马公应彪的后裔，在家乡沙涌创办先施学校。为此，我们对先施学校的落成，表示最热烈的祝贺！对热心家乡教育事业的海外华侨、港澳同胞表示衷心的感谢！

马公应彪，年青时就远渡重洋，到了澳洲谋生。他思想先进，积极支持孙中山先生进行革命活动；他善于学习外国的先进经验，以独有的魄力和才干，于1900年首先创办先施公司，为振兴民族商业作出了贡献；他热爱祖国、热爱家乡，对发展祖国教育事业尤为重视，为家乡公益做了不少好事。马公的爱国爱乡的精神，是永远值得我们赞颂的。

笔者步入沙涌，从业已修复的马文辉题名的“宋帝遗迹”与“侍郎故里”的巨大牌坊下走过，上了整齐洁净的沙涌大街，眺望这一代侨领的故乡，白云悠悠，绿树如云，清风扑面，竟有似醍醐灌顶。那亦为众归侨捐资修复的镇龙阁古塔，分外晃眼，在蓝天下似一大写意所在。远处的沙涌文笔，直指云深之处，似有无限衷情待抒发。步过应彪桥，我们经泽秀街到了先施学校，又重睹马公纪念堂与南源堂的风姿，听乡亲们介绍先施学校成立时的盛况，并细品马应彪先生留下的墨宝，不由得内心豪情奔涌，一个声音呼之欲出：当一名中国人，就应该这样！

而郭棣活、马锦超的贺词，宛然在耳：

祖国在前进，家乡在发展。近两年来，我们曾四次带领海外亲朋回中山观光，探望乡亲。每次回乡，都受到教育。故乡建设，欣欣向荣，日新月异，吸引了许多外宾前来参观游览。……让我们进一步发扬爱国爱乡的精神，团结一致，同心协力，建设家乡。

第七章　遗爱人间

牧师的女儿

珠江三角洲的女子，自明末清初始，便与他处大相径庭，尤其以南海、顺德、中山、番禺为典型。有人以为是明亡之际，南方人大都不愿臣服清朝，所以女子亦桀骜不驯，誓守汉人之贞节。乾隆三十九年（1774）《番禺县志》中有："国朝百年来，番禺一邑其所称贞女者，志不绝书，而其甚者相约不嫁，联袂而死。"有人以为，是明末工商业兴盛，启蒙思潮得以在东南沿海涌动，所以连女孩子也敢于抗命，宁可不嫁，也要追求纯真的爱情。由此，留下了珠江三角洲女子的众多佳话。

她们介乎传统与现代之间，既有传统美德，又有现代的反抗精神，在中国女性史上，写下了独特而又光辉的一章。

马应彪的妻子霍庆棠，正是这出色的珠江三角洲女子中的一员。无疑，她是一名让人生羡的、有口皆碑的贤内助。如《诗经·小雅·常棣》中所诵："妻子好合，如鼓瑟琴。"夫唱妇随，情投意合，夫妇二人可谓珠联璧合。

然而，在社会上，她又是敢于向世俗挑战、积极从事社会公益事业、不惧抛头露面的颇有现代精神的女性。同丈夫创立基督教青年会之后，她又全力创立基督教女青年会，1918 年成为筹备委员，至 1920 年女青年会成立，更荣膺首届会长。她疾呼"人人平等"，甚至加入"反对蓄婢会"，成为当中唯一一名女董事，展现出罕见的斗争精神。

马应彪有这么一位志同道合、患难与共的夫人，实是一生之幸事，甚至可以说，是他事业成功的有力后盾。也难怪他常引用明代冯梦龙《古今小说》中的一段话：“做买卖不着，只一时；讨老婆不着，是一世。”

马应彪在抗战末期因脑溢血去世后，霍庆棠携子嗣自昆明历尽风险冒死偷渡返港。当她在薄扶林基督教坟场祭奠丈夫并告日寇投降消息时，子嗣们都不由得想起陆游的名句：王师北定中原日，家祭无忘告乃翁。

联想到父母的养育之恩，马应彪的孩子们自内心发出感叹：家父一生做大事教人景仰，家母养育深恩令人难忘。

父母之爱，乃是给予后人最好的遗教。坟场空寥，洁净无瑕，飘渺中隐约闻祷告之声。后代，当可在先人的墓冢前，把思想过滤得水晶般透明。“谁言寸草心，报得三春晖”，父母遗爱人间，这才有后代争相效仿。故《周易·坤》云：“积善之家，必有余庆。”先人绵延的世泽，是足以荫庇子孙的。

霍庆棠的生父，是香港西区圣士提反堂（St. Stephen’s Church）的牧师霍静山。圣士提反堂成立于1865年，直属圣公会香港岛教区。霍静山先在教堂里担任宣道事工，1904年出任会长，主持会务。霍静山出生于1851年，原籍顺德，此地毗邻香山。霍静山牧师不仅精通《圣经》，能为人消释痛苦、指点迷津，而且也是一介儒士，是饱学渊博的文人，每每出口成章，引经据典，中西方的知识皆运用裕如。他对国人讲基督教《旧约·箴言》中“朋友乃时常亲爱，弟兄为患难而生”，可联系到陶渊明的诗“落地为兄弟，何必骨肉亲”；讲到《圣经后典》中“如果你守信用，那你就能随时借到你所需要的一切”，可以援引《淮南子·说林训》中的“马先顺而后求良，人先信而后求能”；讲《旧约·箴言》“不劳而得之财，必然消耗，勤劳积蓄的，必见加增”时，他亦可背诵出李商隐的《咏史》：

“历览前贤国与家，成由勤俭败由奢。”这些，对他的教友，对他的女儿们，都留下了深刻的影响。

这位华籍牧师，却有一颗未泯的童心，平时好斗蟋蟀，忘形之时，竟似孩童一般，或欢喜或沮丧，皆形之于色。

生活在教会家庭的霍庆棠，耳濡目染，故有一颗晶莹剔透、至诚至爱之心。她在姊妹中排行第二。大姐未嫁早丧，三妹嫁马永灿，四妹则嫁邻村郭葵。四姊妹间，大姐的事很少听说，未知何故。其余三姊妹，都嫁了好夫婿，一生极尽富贵。

几姊妹初嫁时，霍静山牧师自然不知日后备极哀荣。当日，在香港，信教的华人不多，敢娶信教女的，真是打上灯笼也难找。这可急坏了这位牧师，逢人必说“我不知道怎么是好，所生四个都是女儿，谁来娶我这些进教女呀！”生怕女儿嫁不出去，其憨拙之态，每每教人忍俊不禁。

在他托人到处觅识佳婿之际，刚好澳大利亚有一位华人牧师周容成回到香港，两人十分投契。周牧师在澳大利亚，专给矿工、园农、菜贩中的华人青年，灌输反清反帝的救国思想，所以识得不少有志的年轻人。听霍牧师诉说忧愁嫁女之事，便记在了心里。他回到澳大利亚后，逢人必说：“香港有贤慧美丽的四姊妹，正待字闺中呢。”

正可谓千里姻缘一线牵。其时马应彪已是一名虔诚的信徒，本已有意回乡成家立室，听周牧师一说便产生了兴趣。霍家姊妹也早有心于澳大利亚华侨，哪怕漂洋过海亦乐在其中。其时为十九世纪八十年代，人的眼光都往外看，不只盯住自己家门口。

经这周牧师从中作伐，这大洋南北的婚姻，竟一举成功，真可谓天作之合。

霍庆棠三妹所嫁马永灿，是马应彪堂弟，亦为先施公司的创始人，曾与马应彪共事永生公司。堂兄弟配合默契，同舟共济，共成百年大业。嫁给郭家的，则是老四。不幸丈夫早丧，矢志守寡抚孤，其子即是后来当上广东副省长的郭棣活。这三姊妹，可谓异彩纷呈，人比之宋氏三姊妹。不同的是，一位真心加入教会，一位醉心公益，另一位育儿为人杰，在当时的中国，实是不寻常。

中国首位女售货员

马应彪与霍庆棠成亲后，免不了要有些添置。而香港的经营方式甚为落后，东街买鞋，西店购袜，北街买布，南店裁剪，诸多不便。马应彪同爱妻说起，在澳大利亚专有百货商店，进一家店，就什么都买齐了，不似香港如此疲于奔命。继而萌发了兴办先施百货公司的念头。

当时，全东亚还没有这一类商店。百货店虽小，却是“五脏俱全”，日用百货应有尽有。霍庆棠一听，便全力支持，说就要敢作敢为办出特色来。

她不仅说，而且亲自去做了。

想想当日中国，妇女缠足束胸，三从四德……种种可怕的约束尚未曾松动，女人是不可以抛头露面的，即便在家中，同样是“话不高声，笑不露齿”。可霍庆棠竟冲破罗网，第一个走上了公司的柜台，成为中国第一位女售货员，实是不简单。

当日上柜台，在香港可是惹起了莫大风波，以至调华民司的人来维持秩序。二楼被挤得水泄不通，好似看什么稀奇一样，免不了有指责的、轻薄的、装神弄鬼的。一位女子，在如此巨大的社会压力下，泰然自若，应酬裕如，不可不谓惊人。

时人描述道：“霍庆棠仪态端庄，善于辞令，熟悉货品性能，周旋于顾客之间，深受男女顾客的欢迎。她在先施公司出任售货员期间，绝不以经理总监督夫人的身份，凌驾于管理人员之上，而是勤恳工作。”还特地指出：“值得一提的是，当时广东、香港等地妇女多留辮梳髻，工作起来，诸多不便。霍庆棠身体力行，和两位小姑带头剪辮去髻，由此带动公司内的女职工接受新风尚。”

她站在柜台上，也是站在古老中国的现代起跑线上，她的雍容华贵，她的一颦一笑，无不显示了一位新女性的崇高的人格力量！

在她，却是一种自信。这种自信，很大部分源于她的信念。

她身在教会，深得西方先进思想的影响，不认为女人就比男人卑下，作为教友，更不应有自我菲薄之心，站在柜台前，只要心正，无论怎样的挑战，她都无所畏惧。

她不仅自己当女售货员，还带动了两个妹妹霍絮如（马永灿夫人）、霍凤娇（郭葵夫人）在公司做售货员的工作。三个人一出来，坦然自若，从容应对，充满自信，更令香江轰动，一时传遍省、港、澳，成为香港二十世纪第一年的一大佳话。至今，《香港掌故》等书，仍将此事专题列出。

其时，中国尚无妻子与丈夫共同分担生活重任的风尚，她可谓“为天下先”矣，开创了妇女解放的新风，又以崭新的商业作风赢得了顾客的欢迎。种种非难与指责，她都在所不顾，“我行我素”。

职场引领新风尚的同时，她仍能兼顾传统，照顾好家庭。准备生第五胎之际，先施公司遭受风灾。她正在二楼，见楼墙摇摇欲坠，随时会倒塌，才驮着腹中之子离开，顶着强风暴雨，艰难上路，回到家里。

台风甫息，公司损失惨重，她面无颓色，以坚韧的精神，协助丈夫重建，并亲自去说服打退堂鼓的股东。在公司人力财力十分困难之际，她主动到永安街的店面，仍旧笑靥迎人，镇定自若，让人觉得先施公司仍大有希望。

台风过后，正是她与马应彪的顽强拼搏，换来公司四年赚回四个店。这时，她才“功成引退”，不再上柜台了。最忙碌之时，她背上驮一个，肚里怀一个，左右手还牵一对，能从容不迫，驱遣若定，是怎样一幅动人的情景。女性之伟大，在她身上可知一端。

她从不叫苦，也难得见愁容，更不埋怨什么，只是兢兢业业去做，以尽传统贤妻良母之责，展现了新女性之光彩。

香港妇女运动先驱

我们至今还可以见到霍庆棠与钟荣光校长夫人并肩而立，为“马应彪夫人护养院”奠基而留下的照片。可以说，在阳伞下，她的脸上，现出的乃是圣女之光。

那么多的孩子，她从不请女佣，一切都亲自料理。在今天，可能有很多人不理解：富甲一方，请个保姆算得了什么？作为教友，她自然深知不应使人为奴；她也深察养婢之弊，主人往往不把女婢当人看待。所以，她第一个出任香港“反对蓄婢会”的女董事，广泛搜集买卖婢女的契约，作为日后废除蓄婢的凭据。作为反对蓄婢会调查部部长，她在港九新界多处调查婢女的人数、状况，更出庭作证，控告虐婢的主人，呼吁还婢女以自由。

二十世纪二十年代初，香港各界就“养婢”问题展开争论。有人认为，卖女为婢的，多是因生计困难，但做婢女也比活活饿死的好，养婢是给她们一条生路。反对者则以人道为由，批评蓄婢等同剥削奴隶。1921 年，霍庆棠与香港多个基督教团体的领袖成立“反对蓄婢会”，并发表了《反对蓄婢会宣言书》，从社会公义角度批评蓄婢制度。反对蓄婢会专门成立了演说部，派代表到中小学校、教堂、行业公会、工会和商业团体演讲，以争取社会各阶层的支持。随着反蓄婢运动的开展，香港市民参与社会改造的意识被唤起，民众参与公共事务的空间也得到扩展。1922 年，香港华民政务司颁布禁婢令。定例局更在 1923 年通过《家庭女役则例》，引入注册制度，禁止雇用 10 岁以下女童当婢女。

没齿不忘的旧事

马应彪子女众多，霍庆棠都能亲自抚养、教育，因此子女对她也很是敬重。马文辉在回忆母亲时，讲了好几件令他至今难忘的事。

第一个故事，叫哨音召喝鸡汤。

马家孩子长大后，先后到父亲当校董的岭南大学及其附属中小学校读书。霍庆棠十分挂念他们，常常自香港到广州探看，查问他们的学习情况。她自小精通诗书，孩子们也都一丝不苟，绝不会简单应付，一定要让母亲放心。

但霍庆棠仍放心不下，孩子们正在长身体，读书辛苦，所以，每次去广州，她都留下一些钱，放在钟校长夫人处，好让仆人买鸡，给孩子炖鸡汤喝。

鸡汤炖好了，怎么叫这些孩子呢？他们分布在大学、中学乃至小学不同的地方，又没有电话什么的。霍庆棠出了个绝妙的主意。

她嘱咐仆人给几个孩子约定了特别旋律的哨声，鸡汤炖好后，就吹响口哨。分布在不同地方的孩子，只要一听到这哨声，知道有鸡汤喝，便赶回家集合。

母亲眷眷之心，让人感动。

第二个故事，可与“孟母择邻”的典故相媲美。

那时，由于交通落后，从香港返中山，或者由中山去香港，一路上须多次转乘。香港沦陷后，由香港回内地，须先渡轮至澳门，方能上陆路。长途跋涉，舟车劳顿，对于年幼的孩子，那是不堪忍受的。为母亲的，更是于心不忍，但又无奈。

某日，船到澳门，一个孩子因晕船，竟至脸色惨白、多次呕吐。霍庆棠把他抱在怀里，心痛如绞。

这时，一名年纪稍长的孩子提出：弟弟不能再坐车了，受不了，是否就在澳门住一夜，我们也好上街玩玩。

没料，母亲脸色大变："不行。"说罢，就要启程。

孩子不知何故，颇觉委屈，可是母亲在车上还抱着弟弟，一路颠簸，也只好把委屈的话咽回肚子里。

直到回了中山，母亲才说：澳门是个四恶之地，分分钟都留不得的。

孩子们不信：有什么大不了的，不过一晚。

"一晚就会学坏。你们没听说，学坏容易学好难？古语就有，立身一败，万事瓦裂，身残家败，为世大戮。懂吗？"母亲谆谆告诫。

以后，孩子们再也不敢提稍留澳门的话了。那时，澳门不仅是赌城，而且黑帮横行，不学坏，也免不了遭灾。母亲为孩子好，不仅"择邻"，而且"择店"。连经过什么地方，能不能稍事停留，她都考虑得十分细致，爱子之心，比孟母绝不逊色。

第三个故事，《圣经》中可找到类似的。

霍庆棠一直主持家务，从不雇人帮忙，因为她坚持反对"蓄婢"，不忍见女子为奴，所以，里里外外，全部家务，皆是她一手操办。到了晚年，她体弱多病，而丈夫已不在，但她仍坚决不请佣人帮忙，身为巨商的遗孀，又已高龄，却还是一个人自己煮饭炒菜。偶有媳妇儿子回家，她也要自己下厨，让他们吃顿安乐茶饭。

可她已得了白内障，眼睛不怎么看得清了。有一段时间，马文辉天天去看望她，每次去，她都要亲自给儿子煮上一盅鲜奶。

放在一旁的鲜奶，常将蚂蚁引来，甚至有掉进奶中淹死的。霍庆棠的视力毕竟不行了，她看不见奶里的蚂蚁，照旧煮沸，拿给儿子吃。

儿子知她一生节俭，不让人随意乱扔东西，更不容人浪费食品。只好装模作样，再设法把她支开，乘机将弄脏的奶泼了。

待她回来，见儿子把牛奶喝完，也就很开心，笑眯了眼。

旁人也许视之为“怪癖”，但她毕竟是同丈夫艰难创业过来的。“一粥一饭，当思来处不易；半丝半缕，恒念物力维艰。”朱柏庐《治家格言》中的古训，他们这一代，不只是牢记，更是身体力行的。况“米千粒，酒一滴；蚕千头，绢一尺”常常挂在她的嘴边呢。

儿子这么做，实是怕老人难过。事后，每每忍不住独自感叹。

以上三个故事，从不同的侧面，表现出她对儿女的挚爱、教育。古人常说，“君子之泽，五世而斩。”君子的事业，顶多绵延五代。俗语又有“富不过三代”。所以，许多大亨都不愿自己儿女再经商，怕第二代就败掉了，宁可他们当律师、医生，换一个醒目的社会地位，怕他们成为“二世祖”。但是，马家的后人，在如此严格的家教下，却打破常规，令先施公司百年不衰，绵延数代，不能不说霍庆棠有奠基之功、培育之德。

盲女的怀念

辅佐丈夫大业，这已是勉为其难了。而教子有方，更不是那个时代的女性所容易做到的。而她的恩泽，却不只惠及亲人。

霍庆棠悲天悯人之心，处处皆可显见。不少事，做了就做了，鲜为人知，也从不宣扬，可见她不为图什么名声，而只是尽一份为人之本分。

霍庆棠与女界领袖丁淑静有着深厚的友谊。丁淑静是中华基督教女青年会第一位华人总干事，而霍庆棠创建了香港基督教女青年会。两人为了公益事业，北上南下，捐钱赠物，投入了全部的精力。

其间，感人至深之事，数不胜数。直到身后，人们仍未忘她的功德。一日，她的儿子马文辉，无意中遇上薄扶林道心光书院的聚会，由此牵出一段感人的往事。

心光书院位于香港九龙土瓜湾，创办于光绪二十三年（1897），是德国传教士为收容失明的女孩而成立的学校。当主人介绍他是已故的霍庆棠的儿子时，座下的一群盲女，竟摸摸索索地挤了上来。这心光书院本是霍庆棠主力支持的救济院，盲女们自然一片感激之情。但这回，盲女们围上来，却是诉说“不平”的。

“尔母出殡，我们大家都要去，为什么主持人非拦住不可？”

“我们只是要步行到坟场，又不要车的。”

“我们都准备好了，要给你家母灵前诵唱她教我们的《耶稣爱我》的圣诗。”

七嘴八舌，有的竟掉下眼泪来。面对这老少不等的盲女，马文辉方深感母亲长年累月对她们的关怀。原来，母亲不但常来，教她们唱圣诗，而且每次聚会与盛宴之后，凡有好吃的点心什么的，是必打成包，专程送到这里来，让盲女也有幸尝到精美的食品。到这里路程并不短，得叫车专送才行，她仍照来不误。

当她辞世的消息传到心光书院时，盲女们闹着要上坟场。可惜，德国主持人刚刚到香港，不知道她与盲女院多年的关系，竟不允许她们参加。

于是，才有日后对马文辉的哭诉。

霍庆棠又何止对心光书院如此呢，对乡亲、朋友均一往情深，并不以自己一家富裕而自矜。

如后人所记录的：

> 霍庆棠不但相夫教子，克尽主妇之职，还热心赞助社会教育和慈善事业。据沙涌人士回忆及文字所载：霍庆棠在沙涌曾创建幼稚园，并任沙涌乡民众学校校长，在广州捐建岭南大学护养院、招待室及农林学院。又受聘为上海南洋商业高级中学校董、中山总理纪念中学校董。由于她个人捐助岭南大学经费最巨，该校特立半身铜像于护养院前门为念。

自然，以上捐赠，都离不开马应彪。至于她在那么多地方兼职，有过怎样的事迹，我们只能挂一漏万，仅以上面心光书院为例了。读者亦不难想象，她在那些地方是怎样尽心竭力，体察入微而有口皆碑的。

她经常带教友及儿女背诵《新约》的教义：

> 爱是恒久忍耐，又有恩慈。爱是不嫉妒，爱是不自夸，不张狂，不做害羞的事，不求自己的益处，不轻易发怒，不计算人的恶，不喜欢不义，只喜欢真理，凡事包容，凡事相信，凡事盼望，凡事忍耐。爱是永不止息。

她这么说，也这么做了。百年后，她的爱才仍然这般生生不息。

福善之门

“福善之门莫美于和睦，患咎之首莫大于内离。”这是《汉书·东平思王刘宇传》中的一句名言。然而，一个大家庭要和睦相处，又谈何容易。马家自应彪发达后，儿女满堂，身为母亲的，要做得公允，更非易事。霍庆棠却奇迹般地做到了。马家之为福善之门，其功不可没。

某日，乡间忽来电报，云婆婆重病，恐怕不治。霍庆棠两眼泪水汪汪，赶紧征询几个儿子的意见，问谁能跟她一同回乡看祖母。

如前所述，自香港至中山，车船转接，旅途劳顿，时人视为畏途。所以，几个孩子都不大愿上路。幸而十一二岁的马文辉自告奋勇，陪同母亲一道回家乡去见祖母。

一见霍庆棠亲来，当婆婆的异常高兴，赶紧牵住她的手，留她在床边诉说不已。婆媳之间亲密无间，这在一般家庭中实在少有。马文辉见她们说得如此近切，也感觉奇怪。

后来，祖母终于不治。马家在乡下久孚众望，老人生前亦很善待乡人，来吊唁的乡亲、教友络绎不绝。

丧事办得非常隆重，备极哀荣。丧事办毕，霍庆棠携两个瓮子离开祖居，回到香港。两瓮其重异常，更让马文辉好奇。

后来，他才得知，这是两瓮金子，是从祖母床底下掘出来的。祖母与他母亲当日密商的，正是此事。

这些金子，却是马在明与马应彪当年在澳大利亚的血汗！那时，西人严格控关，不让华人把金子运回中国。而这毕竟是历尽千辛万苦才掘来的，所以，他们想尽办法，先把金子私藏下来，一有机会，再托蕉船私运出境，经过许多周折与风险，才终于把一部分运回到家乡。这些，原本是给老人养老的，老人平生节俭，舍不得用，也就保留下来了。

回到香港，霍庆棠立即将全部金子送去金铺，分别打成项链与手镯，儿媳们一人一份，作为纪念祖母的物品。这自然是祖母的遗嘱。

而通过这一方式，公平对待各个儿媳妇，也就将上代婆媳间的和睦，传到了下一代。别家常有的姑嫂矛盾，在马家则甚少发生。福善之门，美名世代相传。

说到媳妇，关于儿女的婚事，也有一段佳话。

马应彪、霍庆棠有一掌上明珠——小女马锦超，自小聪明伶俐。名门闺秀，追求者自然不少。当时香港几大公司的公子，以门当户对为由，数次向马应彪、霍庆棠提亲，却每每被他们拒绝。

其实，霍庆棠早已心中有数，看中了一个人——四妹的儿子郭棣活。

郭棣活，光绪三十年（1904）出生于澳大利亚悉尼。因是中山同乡，父辈又是世交，郭棣活自悉尼归来后，很快就同马锦超相识，结为总角之交。两人互有倾慕之意。1923年，郭棣活毕业于岭南学院，后赴美国留学。一去四载，天各一方。纵然如此，马、霍两位长者，却已打定了主意。

霍庆棠没看错人，因为马家对郭家的家世、郭棣活的人品，都是了解的。霍庆棠尤为中意棣活自小上进心强，又诚实可靠，是个干实业的人才。将女儿托付给他，是最可放心的。

1927年，郭棣活学成归来，回到香港。霍庆棠便与丈夫一道，玉成此事。郭棣活果然不负岳母所望，后来事业有成，还当上了广东省副省长。

仁爱之心，铸造了霍庆棠的一生。她当是无憾的，不仅儿子均为有成之人，后辈亦不乏有志之士。她给中国奉献的，不只是一个杰出的家族。不妨再引一句她生平所好的《圣经后典》的格言以作她一生的总结吧：仁慈与博爱的业绩万古长存。

第八章　人格光辉

不朽的两种声名

在这个世界上，可以说，赢得不朽英名的人物有两种。一种是事业有成者，他们无疑是胜利者，甚至是改变历史进程的伟大人物。应当说，历史的书写者是功利的，目光只盯住成功者，而置众多牺牲者于不顾。另一种，则是道德上或精神上的强者，他们以自己的人格力量来昭示后世，他们留下的只有精神财富而分文不存。他们道德上的能量，后人取之不竭，用之不尽。

熟悉历史的，不难找出以上两个方面的代表人物来。但是，在两个方面同样都是强者，既事业有成又人格高尚者，在漫长的历史长河中去寻找，却并非俯首可拾的。大多数人，也只能偏重于一面。

我们无法苛求于历史，但对理想而言，我们却不能不对任何一个历史人物做某种道德上的鉴定，以便对后世有个良好的示范。人类本应日臻完美，只有这样，人格的力量方可与人类理想相联系在一起，作为历史进步的推动力。

我们可以说，马应彪应属于那种事业与道德人格二者皆赢得成功名誉的难觅人杰。

关于事业，我们前边已有所叙述：白手起家，艰难创业，在中国首创百货业之先河，首创不二价，克服种种困难，惨淡经营，终令先施公司支行、分庄遍南北。据不完全统计，他兴办的公司、金山庄、工厂、牧场等等，足足一百。除经营百货外，还涉及保险、旅业、游艺、制造业、畜牧等众多行业。

马应彪的人格，在前边的叙述中，读者早已有所见识。马应彪自书有云：

> 人生如朝露，余当届暮年，此日后之境遇事功，虽不可知，然一息尚存，则对于家庭、商界、社会与国家之责任，仍不敢稍懈。

此乃志士暮年之壮心矣。

他本已功成名就，没什么可牵挂的了，一任后人去继续便是了。但他仍将对社会与国家之责任放在心上，可见爱国之心至死未泯。

前边，我们已写过他临危不惧，斥退强徒之壮举，而后又躬身践行中山先生“做大事，不做大官”之嘱托，投身于“实业救国”之中。

他的刚直耿介、不事权贵，也为后世所钦佩。这一条当重笔写之。

应彪平日笑口常开，善待下人，见其遗像，亦一副慈悲为怀的忠实长者的面容，所以大多数人都难得见他一怒。但他一次破例地冲天大怒，竟是对“南天王”陈济棠之兄，而非对下人。

那是二十世纪三十年代，陈济棠在粤主政。他的兄长陈维周，租下了先施公司粤行在第二街的仓库，以作储货之用。

租就租罢，在商言商，并非他弟弟的面子，何况此兄还是广东省财政厅禁烟局的局长呢。

没料一日，香港总行一友人来访，无意中说及那位维周兄，挂名是禁烟局局长，私下里却是走私鸦片大王呢！

“真有此事？”马应彪是性情中人，不敢相信。

“这还有假？不信，你到你们粤行在第二街的仓库看看。那里面保证能找得出他储藏的鸦片烟。”

马应彪对这名友人十分信任，闻听此言，拍案而起，勃然大怒。“怎么，我粤行仓库竟成了鸦片藏掖的黑窝，这还得了！”

客人一走，他立即给粤行去电，彻查第二街仓库是否有藏匿违禁物品事限。得到库房的回复后，他限令陈维周即日退租，否则，宁可卖掉第二街仓库！为此，陈维周怀恨在心，日后更借陈济棠的势力大加报复，嫁祸栽赃，敲诈勒索，致使粤行一度处于风雨飘摇之中。但是马应彪始终不悔，他一直坚持自己做人的原则，即使生意上有所损失也在所不惜。况且先施公司自创立始，就历尽风雨，没什么可惧怕的。终于，公司渡过难关，再度站稳了脚跟。他这种嫉恶如仇、寸步不让的气概，直到八十高龄亦丝毫未减。

他敢于同社会上的邪恶势力斗争，甚至不惜有伤于自己的生意，凭此可看出他重什么、轻什么，做人的原则如何执著。这与他是一名虔诚的基督教徒有关，也与他个人的人格分不开。马应彪为人清心寡欲，衣着朴素，饮食简单，干事却十分勤奋、认真、严谨。这位早期连私人小汽车也没有的总监督，对其百万身家，亦不以家族为恃。用人，只唯贤是举，决不搞家族圈子，如果自家人办错了事，他更不讲情面，说撤就撤，哪怕是对儿子也不例外。

在创办上海先施公司之际，马应彪在上海江湾购下大片地，创办了上海畜殖公司，养牛制乳供应市场。公司之放牛场，占地 180 余亩，可谓宽敞宏阔。牛舍屋顶装置新式气筒，空气得以流通，室内冬暖夏凉、整洁异常。牛舍中之装备，皆用新式钢架。配有专门的饮食器具，为母牛提供便利、舒适的环境。产乳之母牛，多从国外购进，价格极昂。其中一头母牛以六个月内产奶 19000 磅创世界纪录。公司成立不久，便成为华人投资的最大的牛奶公司，只略逊于由汇丰银行所投资的“可的奶牛场”。

马应彪一度让自己的二儿子马文甲经营牛奶公司。马文甲曾在岭南农科大学师从美国学者高鲁甫，前已述及，岭南农科大学由马应彪等人资助成立，高鲁甫任校长。马文甲亦是虔诚的基督教徒，却无父亲的气度，过于偏执，竟认为，凡是不信弟兄会的基督徒者，定是不可靠的。这种不同教派的相互排斥，是西方的习惯。马文甲固执己见，下令将养牛、种草、喂金鱼的农工及经理会计部的上百名伙计，一并辞去，另外再招弟兄会的人。一时，员工们怨声载道，极为不满。

正在这时，霍庆棠来到上海，不少老职员便向她投诉。霍庆棠有是非观念，并不因自己是牧师的女儿，就去袒护自己作为基督徒的儿子，于是，又是信函，又是电报，迅速向马应彪反映。

马应彪感到此事非同小可，立即同马文辉商量，觉得非亲临现场具体处理不可。于是，两人不辞劳苦，一同前往上海。霍庆棠见夫君赶到，迅速将情况汇报。马应彪又亲自找老员工了解情况，终于认定二儿子此番做得过火了。于是，他要求二儿子收回成命，不得遣散原有的老员工。

可二儿子仍以宗教为由，抗命不从。马应彪双眉一拧，宣布：“如不收回成命，公司就只能另派人为经理了。”没料二儿子仍一意孤行。

也顾不得二儿子什么情面了，马应彪终于罢免了马文甲的职位。“每个人信仰什么，有他自己的自由，怎么可以借口信仰不同，而解雇员工呢？这太悖于我们做人的原则了。以后，绝不容许这样的事再发生。”上百名被辞退的员工，欢天喜地地回到原来的工作岗位。原来，他们还担心当父亲的会袒护自己的儿子，复工无望呢。从此，他们更尽职，公司发展得更快了。

儿女情长

仅上海牛奶公司一端，便可知马应彪待人宽、责己严的品格。在持家方面，他更是严谨，常用孟子“家必自毁，而后人毁之”的格言，教诲儿女自重自爱。

他笃信中国古老的遗训“爱子，教之以义方，弗纳于邪”，并身体力行，让儿女能够成器，而不至于成“二世祖”有辱门楣。

在马家，餐桌既是一家人其乐融融共同进餐的地方，也是马应彪教导子女学习做人的良好场所。他教儿女们做人要有礼貌，要讲信用，言行当一致；对人要观其言，更要观其行。饭余分享水果，他的典故就特别多，如孔融让梨之类。马应彪、霍庆棠言传身教，子女耳濡目染，家风便传承下来。

这里不妨提一桩日常小事。

不少与马应彪交厚的友人，乃至于亲戚、长辈，都发现马应彪的儿女们有一个“怪癖”，可谓与众不同之处。那就是，他们从来不收任何人的“利市”，哪怕是最亲近的人。

利市，即红包。派利市，作为一种礼俗，在广东已流传很久。每年春节，长辈在红包里装上点钱，派给晚辈。这本是很常见的，但马家的孩子就是不收。问他们，也不说为何。问急了，小的才吐露真情：爸爸说了，我们是大户人家，人多，孩子也多，别人来派“利市”，一经我们家，就须封上十多个红包。这样，很难为人家的，这是其一。还有，我们家如今名声在外，来贺岁的人多，东家派，西家派，数额就不少了，养成了我们不劳而获的习惯，不好。所以爸爸都当面说过，我们不能收人家的“利市”，更不问人家要，不能贪心。

众人闻罢，不胜感慨。没想到，一个富甲天下的巨商，对儿女要求竟是如此严格。

《圣经后典》中的名言，马应彪的儿女牢牢记住了：贿赂或不义之财是不能持久的，然而忠义的家产却是永存的。

马应彪深知自己这样的人家，如果不自小让儿女养成良好的习性，防微杜渐，就很容易“二世而斩”了。这样做也预防了外人借用这一礼俗图谋不轨。他用心之良苦，实在教人肃然起敬。

很多事业有成就的人，往往因忙于事业而无法兼顾家庭，以至成为终身之憾，但马应彪却能两者兼得，始终克尽一家之长的职责，留下了很多的佳话。

1943 年，马应彪去世前一年，八十三岁。其时，香港业已沦陷，港人只可经中立的澳门回到内地，内地也只可经澳门赴港。马应彪垂暮之年固守香江，心境自是不好。他十分挂念家人。

这年 9 月 1 日，他亲自给儿媳妇写了一封信，关切之情，跃然于字里行间。这也许是他在人世间留下的最后墨宝，珍贵之至。因此，在这里不妨全文照录，以见老人一片至情。

王氏媳妇收览：

顷闻健显赴韶关读书，未知是否？又不知偕何人同去，由澳门出发，路途如何，盘缠若干，殊为系念。文甲子女三人，前月亦赴韶关就学，彼此相叙，不愁寂寞也。我前月呼寄尔母子来港居住，以免久留澳门，讵料批示不许可，甚为失望，今特函知，来港之念暂且搁置。以愚意见，乡间新楼虽有人看屋，究不若自己人之关切，甚欲媳妇回乡居住，一则可享受园林之乐，又可以主持家庭。且太公分我名下祖尝积存有数千元之巨，且有租谷，不至受米贵之虞，聊胜寄居澳地，常恐米荒之虑也。如何之处，复我一音为盼。

家翁马应彪启

九月一日

儿女读书，媳妇居留，米荒之虞，乡间看屋，乃至于路途、盘缠，在这短短不足三百言的家书，竟一一涉及。老人之心细，之心切，之心酸，均不难体察。

短短三百言，也建树了一位忧国伤时的古稀老人的人格形象。其时，日军未能深入粤北山区韶关一带，广州的大学及医院一应迁到那边，虽然信中不可涉及，但心迹自明。

国旗下的八旬老人

太平洋战争爆发不久，日军由元朗陷港。马公独自留守，历尽艰辛，但仍有遨游故地之壮心。生平除内蒙古等边远处，大西北、东三省、云贵川，足迹所至，几欲有上千之县。而到垂暮之年，他仍不顾旅途劳顿，执意远游。

这一年，他觉身体稍有复原，便又起旅行之念。久居香港，只见日军的膏药旗，煞是气闷，这也是促成他起程的一大原因。彼时，广州湾（今湛江）尚未被日军攻陷，由香港至广州湾也相对方便。在寸金桥，猛然见自己国家的国旗在云天间高悬，呼呼作响，马应彪不由得精神一振，心境亦为之一畅。

1898 年，法国强占广州湾，当地民众高喊着“寸土寸金，寸土不让”的口号，在此击退法军。寸金桥由此得名。回想往事，凝视良久，马应彪老泪纵横。

他竟生一念头——在此造一茅屋，看住祖国的国旗。在亲友和海关人员的协助下，一座大茅屋在临海高地拔地而起，一开三面，随时可看到国旗。

老人爱国之痴情，令人心碎。茅屋落成，他召同来的子孙，作了一番长谈："看到国旗了吗？这是我一生最后一次旅行了，目的亦在此，亲睹国旗每天在此升起。我自小背井离乡，远涉重洋，到异乡去谋生路。而今，叶落归根，当在自己的家乡善终。没料，国破山河在，烽火遍寰中，一份家业都得之不易。至死，岂可再为亡国奴？今天，把你们召来，是让你们亲睹国旗，到陪都重庆，共赴国难，好让你们的爷爷、父亲，不至于为亡国奴而亡……"一番肺腑之言，催人泪下。儿孙闻之，当即起程，以不负父命。

他久久依恋这个尚能看到国旗的地方，说什么也不肯走了。不料一日，台风袭来，海边首当其冲。台风先卷走了屋上几层茅草，而后，又吹坍了整栋茅屋。他无法久留，只好含悲离去，仍嘱长媳与孙子健显留守，代他看国旗每天升起。

回港后，他仍是一贯的作风，不愿住在家里，而是住在工作的地方南源行六楼。1921 年，马应彪与蔡兴、汤信、王国璇等殷商发起成立香港国民商业储蓄银行，资本额港币 200 万元，马应彪任监督兼董事。开业仅两年，银行资本额便增加到港币 500 万元，并在广州、上海、汉口、天津开设分行，多处商埠设有代理处。香港沦陷后，银行业务受到影响，银行大楼改为南源行。在马应彪的家乡中山南区沙涌，有一栋仿英国钟楼式的三层建筑南源堂。南源堂建成之时，马应彪已经当上爷爷，他从马健南、马健源两个孙子的名字中各取一字来为住所定名，是为南源堂。

不久，便传来盟军登陆诺曼底的消息，他大喜过望，算准日本"兔子尾巴长不了”，很快便要败灭了。及至西线捷报频传，他却因操劳过度，思虑过多，而至脑溢血，中风倒下。在南源行昏迷多日，虽有亲侄马亮成及侄媳奉侍汤药，毕竟年事已高，已是药石罔效。亲人连夜把他抬出南源行，抱上汽车，一直开回到他居住多年的香港半山大屋。

1944年7月15日，马应彪病逝于香港。几天后，盟军在诺曼底取得全胜，德军全线崩溃，日军在东线亦惶惶不可终日。

1945年8月15日，日本宣布无条件投降。可惜这位终生爱国救国的志士，未能看到这一胜利的日子。但寸金桥上升起的国旗的印象，始终伴随着老人到最后闭眼的一刻。

他至死也坚信，中国不会亡！中国人当在世界上顶天立地站起来！他生于患难，却未曾死于安乐，而他一手创建的公司，在他临终前几年，一直处于风雨飘摇中，他焉得不心碎？

1900年香港先施公司创立后，马应彪长期担任总监督（相当于董事长）。1930年，马文辉在纽约亲见华尔街股市狂泻，这被称为“黑色星期五”。经有关同仁点拨，马应彪预感到这种经济不景气会渐及远东，须做出应变措施，立即召粤、港、沪经理们来总行商讨对策，提议却一一为董事局否决。受世界经济不景气影响，1935年，先施银业信托公司、香港国民商业储蓄银行停业，各地先施之营业额亦大幅度下降，盈利大不如前，因周转不灵，被迫向英商汇丰银行借款暂渡难关。次年，马应彪辞去总监督之职，董事会仍任为名誉总监督。从1900年到1935年，马应彪和他的先施公司历尽风霜，好几番挽狂澜于既倒，心血殆尽矣。进入30年代，经济大衰退、世界大战、国土沦丧……打击接踵而至。

1937年，全面抗战开始。是年，先施公司沪行又遭大劫，如报所载：

> “八一三”淞沪抗战爆发不久，8 月 23 日下午一时许，日机突然飞临南京路上空，向先施公司投下一枚重磅炸弹。这颗炸弹落在大楼东南角的马路上爆炸，顿时血肉横飞，火光冲天，先施公司二、三楼的楼面及东南角大门被炸毁，附近的十几家商店也遭到严重破坏。九子少聪被炸，由三楼跌落地下，幸及时抢救不死，而我同胞伤亡二三千余人。

据说这次日机轰炸，是因为日本特务得到国民党将领白崇禧等人这天午饭后将在东亚饭店开军事会议的情报，所以悍然向处于闹市区的先施公司投下重磅炸弹，但这天白崇禧等人已离去，而我千余无辜同胞却倒在血泊之中，先施公司也因此遭到巨大的损失。

上海很快便沦陷了，1941 年 12 月，太平洋战争爆发，日本向英美宣战，沪、穗行均落敌手，日本军队派出宪兵队进驻穗行，抓人、搜查，闹得鸡飞狗跳，汉奸趁机将整个企业盘踞，挂上“大东亚共荣圈”的旗帜，纠集日本浪人、汉奸走狗、流氓地痞，把好端端的公司弄得乌烟瘴气，群魔乱舞；还把公司的售货场，划定摊位，出租给小商人当排档。先施公司粤行改为“东亚百货公司”，香港总行被标封，禁止启门营业。

国恨家仇，无不刻骨铭心！唯有寸金桥上猎猎之国旗，给他临终前最后的安慰。胸中亦有当年陆游之感慨：死去元知万事空，但悲不见九州同。

无尽的牵念

马应彪对国家、对桑梓之爱，无处不溢于言表，无处不倾泻于笔端，如今见他留下的众多墨宝，均可见他一片赤子之心。

还在中山先生去世，香山县改名为中山县之际，作为中国有名的侨领巨商、中山籍众望所归的三老之一，马应彪以近古稀之高龄，亲书《为倡议建设中山模范县敬告粤人书》。行文中，至真至切的深情，充溢于字里行间。

> 夫吾邑为中国革命之策源地，实负最大之牺牲。光绪中叶，先总理开业于邑城中西药局，筹商革命，邑人之挪金钱，投鼎锅者，不知凡几。广州首义，则有陆皓东、程奎光、杨衢云诸烈士，以身殉难，此乃民国成立之前吾邑之牺牲身命者也。辛亥之役，与夫戡定粤乱，邑人追随先总理而殉共和者，海军有程璧光、孙振兴，空军有杨仙逸，警界有陈景华，学界有刘思复，商界有杨乃安父子，杀身求国，出生入死。此乃民国成立以后，吾邑人之牺牲身命者也。若夫金钱之牺牲，尤为巨数。先总理奔走革命，凡数十年，其在檀香山及南洋群岛、南北美洲时，所需之革命运动费、招待费，仰给予吾邑之侨商者，十居八九。辛亥以后，所有军饷之捐助，公债之募集，吾邑民众，慷慨输将，毁家资，纾国难者，何止千数百万。

他以经营为喻，吁请当局请准中山为模范县以实行特殊政策，不要“吝其小而遗其大，明于近而忽于远”：

> 中山模范之建设，乃吾邑先总理之主张，亦先总理未竟之遗志，国人当以爱护先总理之故，而推爱其故乡，而推爱其革命之策源地……

一字一句，皆是精诚之血所凝成，古稀老人一片心迹，天地可鉴。

二十世纪八九十年代，中山市成为经济腾飞的珠江三角洲上的“四小虎”之一，名震中华。今人重读马应彪当日之吁请，自是感慨万千。马公九泉下有知，亦应为之笑颜。中山已不仅是模范县，也是中国经济腾飞的先锋了！

当然，个中凝有中山先生与马应彪等众前辈的心血。

对于故乡，马应彪不无抱憾之处。依一人之长，是不可面面俱到，诸事皆可兼备的，也难免有所贻误。人非完人，孰能无憾。圣人过人之处，乃在知错必改，有自知之明。这里，笔者亦点及他所遗恨，无损于其光辉人格。

1929 年，中山县被南京国民政府确定为全国模范县，由国民党中央直接管辖。国民政府认为，历任中山县长，大多乏善可陈，少有建树，是必愧对中山先生，所以，理应推举一德高望重者担任，以重振中山的声威。此议一出，众多辛亥元老均提出应找政界之外的人士担任，可避免政坛丑闻屡出，亦可立信于中山人民。推来推去，唯有一人，可谓众望所归，正合适县长人选。

此人非他人，乃是年近古稀的马应彪。为此，国民政府，特派香山县第一任民选县长、国民政府立法委员、上海市长吴铁城，来到香港，劝说马应彪出任中山县长。

马应彪迟迟不决。就事论事，其时他年纪已迈，从政亦非所长。加上同为中山籍人士的唐绍仪，已公开表示自己愿为家乡出一份力，出任中山县长。唐绍仪沉浮宦海多年，晚清时先后被委任为全国铁路总公司督办、税务处会办大臣、邮传部左侍郎、奉天巡抚。中华民国成立后，出任首任内阁总理。由他出任中山县县长，自是合适不过。马应彪很重乡情，去电欢迎唐回乡就职。唐绍仪路过香港回中山，中山侨商会亦开会欢迎，马应彪携儿子亲自赴会并致欢迎辞。

此后，唐绍仪出任中山县训政实施委员会主席兼中山县长，马应彪、孙科、吴铁城等任训政实施委员会委员。没料到，后来竟有唐绍仪只顾谋个人利益，放任其妾贪污舞弊的传闻。消息传到马应彪处，他为之长叹，懊恼地说：早知如此，真不该让姓唐的上任，还不如我自己去就职，想必会比唐绍仪任县长的政绩要好，免得同乡遭此苦难。

1938 年 9 月 30 日，唐绍仪在上海遇刺身亡。传闻乃日军所为，又传闻为国民政府翦奸。马应彪闻及，自是嗟叹不已。

唐绍仪之施政，后人自有公论。马应彪当日所闻，未必全是实情。这亦显示了他嫉恶如仇的性格及敢于自省的高尚人品。

人生能有几许圆满，况辞世于兵荒马乱之时。马应彪毕生对国家、民族、事业、家庭无时无刻不在牵挂之中。正是这无尽的牵挂，无论在他生前还是身后，均在鞭策、激励后人更加努力，以竟其未竟之事业。

正是在国旗前的凝视——这民族志士、爱国赤子的牵念，最后完成了马应彪之人格。而这，绝非众多事业有成者所能完成的。凭此，他理应无憾了。

壮哉，马公应彪……当国旗在晨风中冉冉升起，与曙光、霞光交融在一起，不远处的茅屋下，一位八十四岁的耄耋老翁肃然坐在藤椅上，凝视这一悲壮的情景，每每老泪纵横、不可自已。在国土沦亡、烽火遍地的岁月里，这一幕情景，是足以令任何大画家动容的。他那闪烁的白发，实令人想起其一世祖直北公所在时代的名句：“孤臣霜发三千丈，每岁烟花一万重。”这位“一身报国有万死”的商界巨子就在这“但悲不见九州同”之日含恨而去。与他同时代的香山诗人黄冷观为其像题曰：

忠信笃敬，蓄德怀仁。

穆然有容，蔼然可亲。

如竹冲虚，如松围轮。

雍穆康和，于时为春。

真善美爱，于道则神。

能肇能继，秩然不棼。

克刚克柔，磨而不磷。

六辔在手，纥尘斫犇。

万流镜仰，咸称善人。

以是懿行，麻嘉遭臻。

巍巍罔陵，昭昭星辰。

垂垂万年，播馥扬芬。

这首诗概括了他不凡的一生与高尚的人品。唯有人格的光辉，是不会与躯体同朽的，不仅照耀了他的后代，亦照耀所有矢志报国的来者！

后马应彪时代

1944年，马应彪与世长辞。其时已可看到第二次世界大战胜利的曙光，但先施公司却是处在极其艰难的时刻。民族工商业的命运，毕竟是与整个中国的命运紧紧相连的。然而，正是在帝国主义的侵略与掠夺，国内封建势力的压迫与盘剥这样双重的困厄与钳制中，中国民族工商业如同巨石下幼小的树苗，在夹缝中生长，撑出了自己的一片天地，为中国的民族革命打下了初期的物质基础。

因此，先施公司无论在马应彪生前或死后，都不屈不挠地为中国民族工商业争下一席之地，把马应彪的民族主义精神发扬光大，并继续在壮大、发展与繁荣。万难不屈，遂成百年伟业，先施屹立在中国、亚洲与世界。

今天，当我们来到香港，在号称“石屎森林”的城区中，亦可一眼辨认出位于香港岛中环德辅道中的先施公司总行大厦。这是一栋高 27 层、近 100 米的大厦，百货商场面积近 9000 平方米，写字楼 17651 平方米，合共 26651 平方米，在当日的香港，可称为建筑上的翘楚。其时为 1971 年，历时十年，玉汝于成，正是香港跃升为亚洲“四小龙”之际。它显示了先施公司雄厚的实力，为今后更大的发展落下了大手笔。

而今，如马应彪在天有灵，俯视这海湾畔拔地而起的摩天大厦，看潋滟波光中岸然之楼影，激赏大厦庄重、雄伟、线条优美的造型，一定会遐想不已，殊觉欣慰。这冲天一厦，不正象征着他胸怀的民族大志。这严谨而又优美的框架，亦可代表他的风度与品格。未来，亦未负他的期盼。在这巨大的建筑物跟前，谁能不感受到民族工商业崛起的顽强的毅力，与未来发展的不可阻挡的能量？

已经 120 年了！这 120 年，便是一个辉煌的历史见证。香港的腾飞，是二十世纪六十年代逐渐开始的。几经曲折，饱经沧桑，先施公司上下同心，兼顾统筹，于动荡震撼之秋，力挽颠危倾颓之势，化险为夷，踏上了大发展的康庄大道。

1960 年，先施公司的继任董事们，共同策划发展地产，由于眼光独具，遂开始了大发展的前奏。如当日港行司理所指出的：

自从香港重光之后，港九两地商业日渐繁荣，尤以九龙旺角区一带，发展最速。崇楼杰阁，高耸云霄，入夜则游人如鲫，肩摩毂击，拥挤不堪，其繁荣之速，出人意表。本公司在旺角亚皆老街原有自置房屋十七间，占地颇广，虽然初期该段道路尚嫌僻静，但地处要冲，南接最繁盛之弥敦道，北通何文田、红磡及九龙城，且与火车站相距不远，成为旺角之交通孔道。更兼马路宽敞，房屋整齐，一切优势条件无不具备。

于是，一个重大的决策及时做出了，如当日马应彪要在德辅道中建新铺时一样。一座17层高的九龙分行在几年间迅速建成，成为九龙一大景观。建筑雄伟、气派，装饰亦优美、和谐，一时万众瞩目，为华商的百货公司树立了典范。

1963年10月，九龙分行开幕，如所载：

开幕之日，人山人海，顾客如云，由晨至暮，络绎不绝。以后营业日趋蓬勃，成绩超乎理想。而亚皆老街一带房屋，自本公司九龙分行成立之后，纷纷改建新厦，顿使该区面目一新，成为旺角之商业核心，诚属奇迹，足见董事局同人之高瞻远瞩，洞烛先机也。

1962年，总公司与先施人寿保险公司合作，将香港西环爹核士街32号自置产业化妆品厂拆卸，改建为12层新型大厦，定名为“先施西环大厦”，进一步显示了公司的经济实力。

也就是这一年，公司决定兴建27层的“先施大厦”。1964年，先施公司资本额增至2000万港币——1929年的1000万元，经35年之久，终于翻了一番。1965年，总行旧建筑物开始分段拆卸改建。到1968年，大厦第一期落成。开幕后两天，所有部门迁入新厦。此后业务有所进展，推动了第二期工程继续进行。

仅六年后，先施公司资本额再度翻一番，于 1970 年达到了 4000 万港币。1971 年，新大厦第二期落成开幕。其时，“嘉宾莅止，冠盖如云，花团锦簇，瑰丽满堂”。1972 年，仅隔一年，先施公司资本额增至 1 亿港币。1973 年，先施大厦全部落成，开幕典礼于 27 层楼顶上举行，一时盛况空前。大厦总共斥资达 3000 万港币，具有最新型的商业楼宇设备。一到五楼为百货商场；六楼以上为写字楼，全部用于出租。

先施公司七十五周年纪念册的序言中载：

> 本公司于 1900 年在香港皇后大道中成立，当时规模只属苟完苟备，但先贤们的高瞻远瞩，与坚持不懈的信心，七十多年来，已从茁壮而致屹然有所成就。

公司七十五周年专辑中所载发展史亦云：

> 先施公司自成立以迄于兹，已有 75 年矣。在此悠长之营业过程中，其间备受种种时局之影响，遭逢两次世界大战、我国八年抗战及香港沦陷时期之摧残，再加以工潮、学潮、银潮、金融动荡之损耗，而先施公司于艰难缔造之中，周旋于动荡曲折之局势，卒达坦途，实赖马公应彪之毅力所奠下。

二十世纪六十年代先施公司得以大发展，自然托庇于香港经济的起飞，但公司董事能抓住时机、敢于开拓，毕竟是更重要的，否则，机遇便只会在手心白白溜走。在七十五年大庆之际，内地与香港几乎隔绝，可见，他们的发展离不开自身的眼光与决断。

先施九龙分店开张以后，昔日僻静的亚皆老街成为新的购物中心。这一带矮小的旧式房屋纷纷被改建为新式大厦，街区顿时面目一新，亚皆老街一带便渐渐地成为旺角区的商业中心。1983 年 3 月，亚皆老街分店开业。新店毗邻 1963 年开张的九龙分店，两店合称“双子店”。

1990 年，先施公司迎来九十大寿。1 月 8 日，在富丽华酒店翡翠厅举行盛大庆贺酒会，庆祝创业九十周年纪念。各界名贤先进纷纷到贺，场面热闹非常。董事局主席与总裁分别致辞及代表主持切饼仪式。《明报》曾加以编者评论：

> 今日是先施公司九十大寿，从 1900 年成立至今，其历史正紧扣着时代的变动，它是今日香港寥寥可数的华资百货公司之一。在掀开它的历史时，令人勾起好一幅古老的香江岁月。从资本 2.5 万元开始，到现在，这间“老字号”除不乏忠心拥趸外，更不断地求变，求创新，迈进九十年代之际，它还将以崭新的形象出现。

为迎接 90 年代新挑战，数月前先施已展开多项改革计划，包括斥资 4000 万港元进行装修，为公司建立全新形象。在亚热带灿烂的阳光之下，崔巍的先施大厦就如中国商业的里程碑一般，伫立于南海之滨，本身就已显示出一种不屈不挠的民族精神，激励后人更奋发地前进，迈向更新的里程！

随着实力的增强，先施公司开始谋求发展海外业务。1982 年，先施在澳大利亚悉尼、美国旧金山开设分公司。先施还是第一家进军台湾的香港百货公司。先施计划投资台湾，主要因为当地居民购买力强。要在新地方立脚并不容易，但经多番斡旋，位于台北南京东路的分公司终于在 1986 年落成并开始营业。公司以经营男女高级时装、进口家庭用品、装饰点缀品及高级家具为主。

1992 年，中国内地开放零售市场，有限度容许外商参与。先施公司马上紧锣密鼓进行，准备重返上海。1993 年 1 月，阔别上海四十多年的先施公司重返上海南京路。新店距离上海先施旧址不过百米之遥，采用国际先进的电脑销售管理系统，配置背景音响、电子收银、电子导购和中央空调等设施。

在强手林立、竞争日益激烈的今天，先施公司要发展，无疑需要更大的实力与更高的智慧。香港报刊更以《先施公司稳步发展不惧挑战》等为题，报道了公司管理层的雄心壮志。

先施百货公司副总裁马帼英称：尽管英国和日本百货公司近年来在港纷纷引进不同的经营方式，先施公司凭借雄厚实力及丰富的经验，在百货业中仍站稳一席位，那些外来压力，并没有对先施百货造成多大的影响。

这些年来，马应彪的祖国也发生了划世纪的巨变。中国人民从“十年浩劫”中走出来，更懂得振兴中华、发展经济之重要，他们再也不会失去这千载难逢的发展良机，矢志要将中国建设成为富强发达的国家，如同中山先生当日所预言的：

十年二十年之后，不难举西人之文明而尽有之，即或胜之焉。

正是这种决心与意志，使得香港之侧神话般地崛起了一个“一夜之城”——经济特区深圳。它给港澳同胞，以中国经济腾飞一个光辉的印证。

因此，今日写先施公司，尤其是写先施公司的创始人马应彪，写这么一位民族志士、杰出的民族实业家、侨领与一代巨商，就具有不寻常的现实意义。他让今天在中国从事实业的后辈们知道，我们曾经有过一位这么杰出的典范，他所经历的艰难曲折，较今日都大得多、重得多，我们今天有什么理由不以百倍的努力，去建设一个更美好的未来，以实现先辈百年以来的强国之梦呢?

中国强大之日，当不远矣！届时，让我们一同告祭马公在天之灵吧。中国人,在这个世界上是能顶天立地站起来的,并无愧于五千年辉煌的文明。

最后的话：为了应有的历史

多年来，我一直有这样一个心愿，说是野心也可以，我想为生我养我的这片土地上的三大民系广府人、客家人、潮汕人中的前两者，作一历史的长卷，也就是说，分别为两大民系立传。这不独因为我的父母分别是广府人与客家人。至于潮汕人，我想会有人为其立史卷的，因为如今潮汕籍作家已蔚为可观，功力与影响亦不在我之下，或曰“崔颢有诗题前壁”吧。

为了完成这一计划，我做了较长时间的准备。我接触了大量的史料，近来常被人引用的德国地质学家利希霍芬关于广东人的评价，也是我先译介过来的。我惊奇地发现，一个世纪前，一个外国人竟能如此准确地抓住广东人的某些特征，他称“广东人几乎掌握着中国所有的工业……对经营大商业和大交通业有卓越的才能”。百年后珠江三角洲的腾飞，进一步证明了他言之不谬，何况在香港的广东人，业已给我们创造了经济上的奇迹。

正是在这个意义上，《百货先驱马应彪》亦是这一历史长卷中的一部分。正是符合我这一心愿，我才欣然应诺写这部传记。因为这能使我一头扎进广府民系经营大商业的一个世纪的历史中，更深刻地抓住这个民系的特征，这也为我创作计划中的历史长卷打下更厚实的基础。

母亲的早逝，迫使我较早投入客家民系的历史长卷的创作中，至今可告一个段落了。我当可全力以赴，投入广府民系历史长卷的创作中。关于广府人百年来以商兴邦、实业救国的构思，业已日臻成熟。无疑，《百货先驱马应彪》为我提供了极为重要的背景材料。有了这部史传及前一部《广东，第三个浪潮》的现实素材，我更有信心去实现自己的计划。

一个被别人写过传记的人，转过来为他人作传，说起来似乎让人诧异，可我毕竟是性情中人，我只觉得，在这一百年的历史大变动中，有众多光彩照人、值得怀念的人物留下自己的印记，何况马应彪这样一位富于传奇色彩的佼佼者呢？爱国侨领、商业巨子、教育功臣、慈善大家，凭这些身份，就已教一般人“高山仰止，景行行止”了。尤其是今天，中国经济腾飞，让他为年轻一代所熟知、所效仿，更具有不同寻常的意义。他不仅以他伟大的功业，更以他崇高的人格，彪炳于世，激励后学者百倍奋进，去建设一个真正的世界强国。写他，意义也在这里。其实，在这之前，我亦写过不少人的传记，不过，那是在另一层意义上，是为了不该有的历史不再，如《潘汉年传》等。而这一部，却是为了应有的历史更发扬光大。

正因为如此，这部传记，我力求寻找到它的最好形式，以使其成为“信史”，而不似某些昙花一现的人物的纪实，哗众取宠，徒有虚名。

作为信史，除开真实性外，更应有思想性——思想更是一种真实。因此，它亦应兼备其学术品位。在这里，我愿引用一位著名的史学大师柯林伍德的一段话：

> 除了思想之外，任何事物都不可能有历史。因此，比如说一部传记，不管它包含有多么多的历史，都是根据那些不仅是非历史的而且是反历史的原则所构成的。它的范围是生物学的事件，是一个人的有机体的诞生和死亡；它的构架因此就不是思想的，而是自然过程的构架。对这种构架——那个人的肉体生活，他的童年、成年和衰老，他的疾病和动物生存中的全部偶然事件——思想的各种浪潮（他自己的和别人的）就不顾它的结构而在交叉冲刷着，像是海水冲刷着一只搁浅的

废船。

这无疑是阐述了一个立传的原则——必须捕捉思想的脉络，唯有这，才可以教史传闪光。亦如柯林伍德所喻，一场地震可以让上万人丧生，但地震只是自然现象，其中并无思想可言。一场战争也有可能要了上万人的命，但战争不只是现象，它从头至尾贯穿着人的思想，它是思想的行动。同样，马应彪这样一个历史人物，不仅仅是一个商人，能够具有独特的商业眼光，而且是一个爱国者、一位实业家，所以，他的商业行为与投资教育，就深深渗透着他的思想，写出这点，才可能够被称为信史。

无疑，他早年在家捡猪粪，后漂洋过海到澳大利亚种菜，使他深深品尝到贫困的滋味，尤其是作为一个贫困的中国人的滋味，这是他思想的一个重要起点。笔者的父祖，不乏被“卖猪仔”下南洋开矿种橡胶的。后来他成为岭南大学第一位华人校董，而笔者的亲人也在那里执教过……太多的共同之处，才有了思想上的共鸣。

而这，也正是历史作为思想史的证明。

在我，首先是个作家，而后才是学者。作为前者，我有数十部中、长篇小说及数以百计的短篇、散文、报告文学作品；作为后者，则有《中国文化史观》多部论著。如以前者的身份，这部传记，调动全部的文学手段，当然可以写得娓娓动人、波澜起伏、跌宕生姿。但我没有这么做，我宁可以学者严谨、平实的笔调，去发掘其中的思想或哲理，使读者能有更多的思考。当然，我也并不想控制自己的激情，当写到催人泪下之处，我的泪水也按捺不住。因此，我采取了一种寻常不大使用的笔法。

为给读者以真实感，我设法较大分量地去引用历史资料及传主的自述，力戒有可能的虚构成分。从文学角度来说，凭借历史资料发挥，写下去会得心应手一些，更摇曳生姿一些，而引用，每每吃力不讨好。第一，这涉及对大量原始资料的搜集、辨识、去伪存真，要花更多的功夫；第二，要运用得当，殊为不易，因为原始资料本来就是如此，并不按你的思路而设，你若加变动，势必会有伪饰的感觉；第三，外人看来，大量的引用，似乎是作者在偷懒，难免会招惹不恭。但我决计这么做。

我不想哗众取宠，如同市场上推销劣等货一样。我力图使它具有一定的学术品位，也不仅仅是为抬高它的档次，以跻身论著之行列，成为研究成果，而只是想写出一部广府人的思想史，一部可信的历史。这可以说是概括了我写此书的全部初衷。

奔走于中山等地，搜寻于各大图书馆，审慎鉴别种种史料，我常有力不从心的感觉。是的，这部传记本还可以写得更好一些，更严谨，亦更感人一些，还应有希望发掘出更多生动的更深刻的思想材料。可惜，时间太紧，更多的事尚在呼唤，我只能把它当作我前进中的一步，而后还得迈出更新的一步。但不管怎样，对于我笔下这位历史人物，我始终怀有深深的敬意，我从中看到了我们民族的希望，看到了广府人奋勇进取的精神。我在写他，亦为他所鞭策，努力去开创更新的未来。

这里，我得谢谢他。因为，他为我即将动笔的广府人的历史长卷指出了明确的方向，而他本人，也正是广府人杰出的代表。也许，在新的作品中，我们还会再度与他重逢。

跋：马应彪和中国四大百货公司

如果把太平洋的西海岸，也就是东亚的海岸折叠起来，那么，居中部分便是广东了。这并非比喻，从地缘学的角度上看，广东在海上商业交往的优势是显而易见的：它毗邻港澳，与东南亚国家隔海相望。再换个角度，如果从地球仪上方，也就是从北极往下看，或者作一个北极投影的世界地图，全球便被清晰地分为内、中、外三部分，我们马上便可以发现，世界发达国家与地区几乎全集中于内圈。而引人注目的是，内圈西北角，与东西相接的是北美，内圈西南与北美相对应的，正是东亚到东南亚海岸线，中心点恰巧也正是广东的珠江口，由此可见广东在世界性商业流通中的战略地位。

此书传主，中国现代百货业的创始人马应彪，便在这条海岸线上降生、成长。作为他的同时代人，戊戌变法的主帅之一、思想家梁启超在《世界史上广东之位置》一文中，在对历史作完纵向分析后断言：广东人“冒万险，犯万难”，剽悍活泼进取冒险之性质，于中国民族中，稍现一特色。其人对内竞争力甚薄，对外竞争力差强。

他的断言，在百年之后仍见其生命力之久长。广东仍是，或者说，已再度位于当前世界经济最活跃的海岸线中点上，作为大陆沿海最早的开放地带，更在当今被中国领导人定位为中国改革开放的“龙头”。广东的经济，尤其是商贸业，令世人瞩目——历史，又一次选择了广东。

要研究中国现代百货业的兴起，就不能不研究广东这一独特的地理位置，以及由此形成的广东商人的“底气”。

广东，相对于内陆省份而言，无疑是一个海洋省份。有人说，它是中国文化必不可少的一个补充——没有海洋文化，光有内陆文化，中国文化便是不完整的。背靠足以截断来自西伯利亚的寒流的五岭，岭南称得上四季如春，没有雪，也无霜冻。广东三面临海，海岸线长 4100 多公里，几乎占全国大陆海岸线的八分之一，居全国之首。广州、潮州，均是一千多年前中国海上丝绸之路的起点。南中国海岛屿星罗棋布，沿海多深水良港，地处太平洋、印度洋、亚洲与大洋洲之间的商路要冲，是中国与东南亚各国以及世界上各大商港交往的枢纽。这是向外。往内，珠江水系发达，西、北、东三江贯穿全省，建立起与周围省份的联系。

明、清时统治者实行海禁政策，但广东的海商商帮仍在打压下壮大与发展。康熙二十三年（1684），清政府不得不实行开海贸易政策，乾隆二十二年（1757）封闭闽、浙、江三海关，仅余广州粤海关一口通商。这一来，广东的海商商帮更随着广州的独口贸易而独占鳌头了。早在雍正七年（1729），皇帝的谕旨中便称“粤东三面皆海，各省商民及外国商人，携钱买货往来贸易者至多也”。当清政府仅余广州一口对外通商后，全国对外贸易的商品都要运到广州出口，外国商品亦要经由广州进口，广州更成了独一无二的“开放特区”，以至英国商人威廉·希克在 1768 年便称：“珠江上船舶运行忙碌的情景，就像伦敦桥下的泰晤士河。不同的是，河面上的帆船形式不一，还有大帆船。在外国人的眼里，再没有比排列在珠江上长达几英里的帆船更为壮观的了。”

发达的内外商业贸易，需要有雄厚的商业资本来承担商品交流的任务。早期，是大批的富商大贾的产生；后期，便是商业资本家的形成。马应彪的先施公司及随后的永安、大新、新新四大百货公司，便作为中国现代百货业的翘楚，破土而出，长成参天大树，成为中国二十世纪的商业奇观。

四大公司的形成，应当说是具有鲜明的广东特色——由海商而侨商，先在外拼搏，再回故里发展。这一传统，是几百年前便有的了。明朝初年，“南海梁道明，贸易于爪哇国，久而情熟，挈家住居，积有年岁”，“闽粤军民泛海从之者数千人”。乾隆年间，梅县罗芳伯在婆罗洲西部的坤甸（今属印度尼西亚）经营农、矿、渔业、制糖业与商业，当地民众拥戴他为“大唐总长”。至于广东人经商所到达的地方，更遍及全球，因此海外流传有这么一句话：“The sun never sets on the Cantonese community.”，即“在粤人社会太阳永不落下”。

由于西方殖民者入侵，中国资本主义萌芽的正常发展被打断，在内地，这种破坏更甚。山西商帮与山西票号的衰亡，便是外来殖民者与封建统治者双重压迫造成的。而广东的民族资本主义，却在这双重压迫下逆风而上。这是值得研究的一种“特殊中的必然”。

而支撑广东民族资本主义诞生的，不是别的什么，恰恰是积蓄已久、有相当实力的侨商。

从全国范围来看，一般来说，先是出现洋务企业，然后才能有民族工商业。这是半殖民地半封建的中国发展资本主义的畸形途径，形成的也是一个怪胎，洋商与官商生下的怪胎。

在广州则不同，洋务企业出现在民族工商业之后。原因是显而易见的，毕竟洋务运动在广东推行得较迟，经济势力不大，对民族资本主义的阻力也就相对小了一些。另外，广东是侨乡，华侨有较雄厚的实力率先投资近代资本主义工商业。因此，在中国自给自足的自然经济由于外来资本入侵而加速瓦解之际，民族资本主义反而得到了较正常的发展。这一来，广东便成为我国民族资本主义的最早诞生地——它恰巧是洋商与官商汇合产生的台风下的“台风眼”。在这，我们只能简单说上几句，详尽的分析还是由经济学家去做吧。

正是在这个意义上，广东的民族资本主义发展更具有典型性、完整性与研究价值。广东的民族资本家，在纯粹的意义上，也更先于或优于其他地方的资本家，较少或基本没有什么买办色彩。

马应彪，作为中国第一个百货业的大资本家，也正是中国民族资本家中的佼佼者。他在澳大利亚，完全凭借自己的努力，积蓄资本，开办钱庄，首创股份合资公司，一跃而成为中国民族工商业的立柱。他的智慧、能力殊为可敬，而经历的挫折、打击与困厄，也令人扼腕。

据史料记载，世界上第一家百货公司，是在十九世纪三十年代创立于法国巴黎。当时，资本主义商品经济得到了长足的发展，而交通工具也较以前发达，马车作为相当方便的交通工具，使人们的活动范围得到了很大的拓展，足迹可及十几甚至几十里外。这一来，分散的小店铺，便自然而然地逐步向闹市区集中，从而形成一条条的商业街。

而百货公司的诞生，则被誉为“第一次零售革命”。它的好处是，经营的品种相对集中，又能分柜台售货，还能利用广告、宣传橱窗介绍商品；同时，明码实价，方便顾客选购。对于经营者而言，货品销售量大，利润也可观。所以，当巴黎出现了第一个百货公司之后，全世界的资本家都争相仿效，开设了百货公司或商业街。

马应彪于1900年在香港首创中国第一家百货公司，正是在澳大利亚从安东尼·贺顿百货公司那里得到的启示。在他之前，中国已产生了第一个民族资本家，这便是南海县的陈启沅。早在1872年，他便创立了我国第一家民族资本主义工业——继昌隆缫丝厂。该厂拥有女工六七百人，“出丝精美，行销于欧、美两洲，价值之高，倍于从前，遂获厚利”。办厂自是曲折，光“有伤风化”一条就够受了。这同先施公司草创之日，马应彪夫人霍庆棠亲自站柜台而引起轩然大波，不得不派人员维持，也称得上“同病相怜”了——可见在当日中国要办成一件事有多难。

无论多么艰难，民族工商业的诞生与发展，毕竟是顺乎历史潮流的，到了二十世纪，更是不可阻遏了。早期的维新思想家，如郑观应——他也是香山（今中山）人，在经济上，是坚决反对洋务派的“官督商办”，力主发展民族资本主义工商业，与西方列强进行“商战”，强烈谴责外国对中国的经济侵略，要求收回海关主权。

先施公司是我国最早的股份有限公司之一。时至二十世纪八九十年代，中国人才在改革开放中重新认识了股票，而这距离股票最早出现在中国，几乎是一个世纪了。马应彪之子马文辉，在审读此部书稿时，曾一再要求笔者点明这一点。这不是没有意义的。这也是现代意识的体现，不可或缺。

而“不二价”，有人称中国古已有之。其实，中国古之“不二价”的内涵，与现代商业经营中的“不二价”，实属两码事。如在周代，一天三市，开市前，须由督管者核定价格后才准开始做买卖；汉代韩康在长安市售药，以“不二价”坚持三十年而名闻天下。但其基点，是准衡于宗法制度下的“德治”，而非现代社会的立法。在中国，所谓“无商不奸”反而成了“天经地义”。故先施创立，门前写上“先施公司始创不二价”，完全是一种现代的商业精神的弘扬。更不用提其规模经营，是过去的小本买卖所无法相比的。

所以，先施公司一出现，便具有中国商业革新开拓的重大意义，它创立于二十世纪初，颇有创世纪的意味。作为经营者的马应彪，不仅需要远见卓识，也需要巨大的魄力与坚强的抗争意志。正是他拓开了中国百货业的新路：在二十世纪初，四大百货公司相继建立，形成了百货业的大气候。

在思维科学的新理论中，有一个理论，称为“群体激发效应”。我们不妨看看，中国四大百货公司，又是怎么“群体激发”出来的。

不难发现，先施、永安、大新、新新这四大百货公司的创办人，竟清一色是香山人，而且是均有旅澳的经历。

都出在同一个地方。奇怪吗？一点也不奇怪。

先施公司创立在前，生意看好，郭标、郭泉、郭乐等在澳大利亚的中山人也就跟了上来。他们彼此提携，又互相竞争。先施创立于 1900 年，永安创立于 1907 年。经营百货业外，先施还有酒店业及十大工厂；而永安在百货之外，则以纺织厂著称。

马、郭又是儿女亲家，著名的实业家、曾出任广东省副省长的郭棣活娶的是马应彪的千金马锦超。至于大新、新新公司，与先施关系就更密切了。两家的创始人，当年均是先施公司的创始人或合股人，有的还担任过先施公司主要领导职务。如黄焕南、刘锡基，他们后来则成为新新公司的创始人。至于永安公司的郭标、大新公司的蔡兴，正是马应彪筹股建立先施时召集的十二个人中的成员。

由此可见，四大公司均出自香山人之手，并非偶然。但亲缘、乡缘仅是一个方面。他们同受世界先进的商业精神所影响，又同是一片爱国热忱，这才是根本。

无疑，四大公司的创立，论贡献，当首推马应彪。可以说，四大公司均与他有关，不仅仅是影响，而且为其他公司培养了人才与骨干，这才得以蔚然成观。

黄焕南于 1914 年到上海选择先施公司的地址时，他派人到南京路上的十字路口观察行人的流量。一个多月积累下的资料表明，南京路比浙江路行人的流量要大，于是决定把先施公司建在南京路北。第二年，郭泉从香港来到上海，准备建立上海的永安公司，同样派了两个人分别在南京路的路南、路北观测，见一个人，数一粒豆子，最后测定，路南的行人比路北的要多，于是，永安公司定址在路南。1917 年，上海先施公司开张，次年永安公司开张，南京路一下子便成为闹市区，上海百货业亦由此兴旺起来。

这仅仅是个小故事，从中也可以看出民族资本家严谨的态度与务实的精神。正是从这里开始，四大公司才历尽世纪的风风雨雨，迄今仍屹立在中国的土地上。

大新公司的命名，出自于“大展新猷”。它创立之前，早已有了先施、永安，可谓专美于前，但大新却自有抱负，认为自己可后来居上。这也是四大公司之间在相互提携中形成的竞争，结果是相互促进、各有千秋。如新新，还办有剧场、电台、实业公司和银行。大新亦有自己不同的经营。

由此，中国百货业四大支柱便支撑了起来，并扬威海内外——先施等公司，也先后在日本、英国、东南亚设立过自己的子公司。

四大公司的形成与发展，是中国民族商业发展的一个缩影。用行内的话说，从二十世纪初到抗战前，是中国百货公司的勃兴阶段。华侨携资归国，于香港创立雏形，一俟试验成功，便在内地复制。其营业宗旨为“包罗万有，无物不备”，但由于欧美列强控制了远东市场，故货源百分之九十系“洋货”，国产微乎其微。及至抗战期间，国货方振兴起来，国货上升至百分之七十——这便是百货业复兴之际。而内战四年，由于时局混乱，经济崩溃，百业凋零，百货公司也由盛而衰了。

沧海桑田，整整 120 年过去了。而今，在改革开放大潮中，中国的百货商业，又一次迎来了它的黄金时期。在广州，在上海，商业之兴盛，是前所未有，且仍在蒸蒸日上。香港的回归，对于百货市场产生的影响也是不可低估的，穗、港、沪大市场，给新的百货业带来了勃勃生机。一个世纪之前，那些矢志振兴民族工商业的先行者们，如地下有知，当倍感欣慰。中国的百货业，已不再是当日的步履维艰，而是前程无可限量。

抚今追昔，展望未来，我们该有比马应彪当年更大的信心，更冲天的豪气，向前迈进。